한밤에 쓴 위문편지

FOR PATIENTS

한밤에 쓴 위문편지

아픈 이웃에게

이승하 지음

머리말

병실에 계신 그대에게

　불이 꺼졌는데도 잠이 잘 오지 않지요? 오른쪽 침대에 있는 다른 환자의 가볍게 코고는 소리가 들려오고 왼쪽 침대 환자의 뒤척이는 소리가 들려올 테지요. 보안등 희미한 불빛 아래 잠 못 이루고 계신 여러분의 손에 가벼운 책 한 권을 들려드리고자 합니다.

　건강신문사라는 언론사와 케이엠Km이라는 출판사를 같이 운영하는 친구 윤승천 시인이 제게 이런 말을 한 적이 있습니다.

　"이 형이 우리 출판사에서 낸 『시가 있는 편지』를 보니까 제일 앞머리의 두 편이 투병중인 환자분들에게 드리는 편지던데요, 아예 환자분들에게 보여드릴 책을 한 권 쓰는 것이 어떻겠습니까?"

　윤 시인의 제안은 지나가는 말로 한 것이 아니었습니다. 진지하게 부탁을 계속하자 저는 투병 중인 환자분들에게 위로와 격려가 되는 책을 내는 것도 의미가 있겠다고 생각하여 그 책의 제일 앞머리 두 편 글을 포함, 총 10편의 글을 정리했습니다. 자기고백적인 내용도 있고 봉사활동하는 내용도 있고 생명에 대한 제 생각을 펼친 글도 있습니다. 제3부는 제가 쓴 10편의 시입니다.

저는 장모님이 입원해 계신 10년 넘는 세월 동안 종합병원과 요양병원에 수시로 가 문병을 했습니다. 얼마나 많은 환자들을 봤겠습니까. 어머니와 아버지가 모두 4개월 동안 입원해 계셨는데 마침 방학이 끼어 있어서 침대 옆에 간이침대를 갖다놓고 새우잠을 잔 날도 많았습니다.

환자분들이 장기 입원해 계시는 경우, 무료한 나머지 많이 지겨워하시더군요. 그분들이 침상에 두고 읽을 만한 책을 한 권 선물하고 싶습니다. 그런데 이 책에 실려 있는 산문과 시가 여러분들에게 위로가 될지 어떨지는 솔직히 자신이 없습니다. 성경이나 불경에서 좋은 구절을 발췌한 책이 오히려 큰 용기를 주지 않을까, 생각도 해보았습니다. 하지만 이 땅의 하고많은 시인 중 한 명인 제가 정성을 다해 위문편지를 쓴 것이라고 생각해주십시오. 초등학교 시절 이후 써보지 않았던 위문편지를 쓴다는 생각에서 글을 다듬고 새로 쓰고 했습니다.

우리는 모두 생로병사의 쳇바퀴를 벗어날 수 없는 유한자입니다. 궁극적인 종착역이야 다들 같지만 우리는 주변에서 병을 이기고 퇴원하여 아주 알차게 생을 꾸려가는 사람을 많이 볼 수 있습니다. 퇴원 이후의 삶은 한층 유쾌해지고 발랄해지지요. 새로 얻은 생명과 건강에 대한 고마움으로 일단 자신의 몸을 잘 챙기고, 가족에게 정성을 많이 기울이고, 대인관계에서도 예전의 까칠함을 찾을 수 없습니다. 제2의 생을 살게 되는 것입니다. 더욱 멋지게, 더욱 보람차게.

자, 그러기 위해서는 병원 치료를 잘 받아야 합니다. 약도 수술도 중요하지만 여러분의 의지가 그에 못지않게 중요합니다. 어떠한 고통이 와도, 절망적인 상황이 찾아와도, 용기를 잃지 마십시오. 퇴원 이후의 새 삶에 대한 희망만은 잃지 마십시오. 창 밖에는 눈부신 햇살과 맑은 공기가 있습니다. 새와 풀벌레들이 짝을 찾으며 울고 있습니다.

저는 꽤 긴 세월, 불면증으로 고생을 한 바 있습니다. 새벽이슬의 아름다움을 누구보다 잘 알고 있다고 자부합니다. 아침에 해가 떠오르는 것도 기적이며 저녁에 노을이 깔리는 것도 기적입니다. 여러분이 지금 살아서 치료를 받고 있다는 것도 기적입니다. 여러분이 완전히 회복하여 퇴원하면 따스한 햇살이 반길 것입니다. 달과 별이 반길 것입니다. 가족과 친구가, 친지와 동료가 축하해줄 것입니다. 퇴원하는 그날까지 병한테 지지 말고 멋지게 이겨내기를 바랍니다.

2018년 봄바람을 기다리며
이승하 올림.

차례

머리말　　병실에 계신 그대에게　5

제1부　아침이 오기를 기다리는

아침이 오기를 기다리는 그대에게　13
중환자실에 계신 그대에게　19
10년 동안의 고독, 억만년 동안의 침묵　25
병원의 누이동생에게　31
당신은 어떤 상을 받고 싶은가요?　39
우리 모두 유언장을 작성합시다　47

제2부　진료실의 시인들

설원을 걸어간 어머니의 발자국　69
아버지의 낡은 내복　89
지상의 아픔을 이겨내는 천상의 노래　113
진료실의 시인들, 청진기 대신 펜을 들다　137

제3부 병실로 띄운 엽서

회복기의 아침에　185

밤 연가　187

연인에게　188

짐진 자를 위하여　190

어떤 손　192

아버지의 성기를 노래하고 싶다　193

어린 생명에게　195

수혈을 기다리며　197

생명法　199

세상의 모든 어머니에게　202

제 1 부

아침이 오기를 기다리는

아침이 오기를
기다리는 그대에게

　불면증으로 여러 해 고생한 적이 있습니다. 고등학교를 딱 두 달 다니고 그만둔 뒤 여러 도시를 떠돌면서 불규칙적으로 생활하다 보니 그런 병이 찾아온 것입니다. 지금 와서 생각해보니 미래에 대한 불안감도 잠을 못 이루게 한 원인이었던 것 같습니다.
　잠만 못 이룬 것이 아니라 대인공포증·신경성 위궤양·심계항진·빈뇨증 등 신경과 관계가 있는 온갖 병이 찾아왔고, 말까지 심하게 더듬게 되었습니다. 10대 후반부터 20대 중반까지 저는 신경안정제와 각종 진통제에 절어 있었다고 해도 과언이 아닐 것입니다. 병원 의사와의 상담이며 약 처방이 도무지 소용없는 10년 가까운 세월이었지요. 대입검정고시에 합격한 뒤에 대학입시를 준비하긴 했지만 공부는 뒷전이었고, 깊은 잠을 갈망하며 여러 병원을 찾아다닌 세월이었다고 해야 보다 정확한 표현일 것입니다.

저는 그래서 한밤 지새기와 새벽 맞이하기와 아침 기다리기에 달인이 되었답니다. 날이 저물어 밤이 되고, 밤이 지나 새벽이 오고, 노을이 번지면서 아침이 오는 시간대의 변화를 누구보다 잘 알고 있었습니다. 잠을 못 이루는 밤이면 종종 밤거리를 헤매고 다녔으니까요. 그 시절의 밤 풍경이 저를 추억에 잠기게 합니다. 텅 빈 거리, 차가운 가로등 불빛, 불빛을 뿌리며 달리는 차량들, 꼭두새벽에 일어나 일하러 나가는 사람들, 한밤중에 퇴근하는 사람들, 허기를 불러일으키는 포장마차들…….

저는 또한 계절에 따라, 날씨의 변화에 따라 아침이 어떻게 달라지는지 누구보다 잘 알고 있습니다. 아, 청소부 아저씨만큼은 몰랐겠지요. 하지만 그 도시의 청소부 아저씨들이 언제 일을 시작해 언제 끝마치는가를 잘 알고 있었습니다.

한밤중에 산보를 하다 깜짝 놀라는 경우가 있습니다. 병원 구급차가 요란한 소리를 내면서 달리면 저는 '아, 누가 지금 몹시 위독하구나, 내 불면증 따위는 아무것도 아냐.' 하고 위안을 얻고는 했습니다. 낯선 거리를 헤매 다니다가 불빛이 환한 건물을 보고 놀라는 경우가 있었는데, 십중팔구 병원 응급실이나 영안실에서 흘러나오는 불빛이었습니다. 이 세상에는 아픈 사람이 너무나 많은 게지요.

그분들에게 아침의 의미는 남다를 것입니다. 밤사이 죽을 고비를 넘긴 사람에게 아침은 새롭게 시작할 수 있다는 희망의 메시지를 선사합니다. 창문으로 햇살이 조심스레 기어들고, 새소리가 귀에 청아한 멜로디를 들려줍니다. 특히 새소리는 내가 지금 살아 있는 것처럼 당신도 살아 있다고 알려주는 생명의 메시지입니다. 아침이 다가오면 두부장수의 종소리가 들려오고 신문배달부의 오토바이 소리가 들려옵니다. 청소차가 쓰레기를 치우는 소리도 들려오지요.

창문을 열면 신선한 공기가 확 들어옵니다. 창 밖을 내다보면 나무가 기지개를 켜고 있고 꽃들이 함초롬히 이슬에 젖어 있습니다. 이제 아침이 왔으니 또 하루를 시작할 수 있습니다. 세상 만물을 내 오감으로 느낄 수 있는 이 아침이 얼마나 소중한지, 당신은 아십니까? 살아 있음을 느끼는 아침, 물을 한 잔 마시지 않을 수 없지요. 시원한 물이 식도를 타고 소장까지 한달음에 내려갑니다. 배가 고파옵니다. 계란을 반숙해 먹어볼까요? 조간신문의 잉크 냄새를 맡고 싶습니다. 제가 최근에 쓴 시 한 편은 아침을 '뜨겁게' 느끼고 쓴 것이랍니다.

발작이 멎고……고비를 넘겼다
밤이 물러가는 것을 확인하고 싶어
창 열고 하늘의 끄트머리를 본다
한 뼘의 하늘이 파들파들 떨고 있다
일찍 일어난 새의 무리가

먼동을 어슬어슬 트게 한다

갈증 날 때 마시는 물처럼 차디찬 공기
환호하며 뜀박질하는 공기의 입자들
잠든 내 폐포를 낱낱이 일깨우며
생명이 생명인 것을 확인케 한다

머리맡에 있는 몇 송이 꽃
힘겨운 밤을 함께 넘기느라
고개 폭 수그리고 있다
돋을볕 들자 네 두 눈 가득 고인 눈물과
이마 가득 돋아난 땀방울이 반짝인다

다시 시작할 수 있는 아침이다
너와 나의 머리 뒤로 놀빛이 번지는
이 경건한 아침을 위해
나 이제 기도할 수 있게 되었다
다시 살아난 것이다

—「찬양 아침」(『아픔이 너를 꽃피웠다』) 전문

지금 병상에 누워 계신 사랑하는 이여. 그대와 함께 아침을 느끼고 호흡하고 싶습니다. 참고 기다리고 있으면 밤은 물러갑니다. 아니, 밤과 싸우다 보면 반드시 아침이 옵니다. 조물주의 선물인 이 해맑은 아침을 그대에게 선물하고 싶습니다. 하루빨리 병상에서 일어나시길 기원합니다.

중환자실에 계신 그대에게

　50대로 접어든 이후부터 주변 어르신네들의 부음을 자주 접하고 있습니다. 작년과 올해는 가까운 두 분의 대조적인 죽음을 보면서 많은 생각을 하게 되었습니다. 작년 어느 때부터 노 스승은 의식불명이 되었는데, 병원은 각종 현대적인 의료 처치로 그분의 목숨을 반년 이상 연장시켰습니다. 저는 그동안 면회를 가보지 못했습니다. 가족 이외에는 중환자실에 들여보내 주지를 않았고, 면회를 가본들 산소호흡기로 목숨을 이어가고 있는 의식불명의 환자를 말없이 바라볼 수 있을 따름이었을 테지요.

　정초에는 장인어른이 돌아가셨습니다. 여든여섯 번째 생신을 며칠 앞두고 눈을 감았으니, 천수를 누리고 가셨다고 해야 할까요. 말년에 위장이 안 좋아져 몇 번의 병원 치료를 받기는 했지만 몇 달 전까지 등산을 다닌 건강한 몸이었습니다. 별 지병 없이, 그야말로 노환으로 눈을 감았기에 장례식장에서 많은 사람들이 호상好喪이라고 했습니다.

가까운 집안 어른의 임종을 처음 겪는 저로서는 저런 죽음이야말로 참으로 인간적인 죽음이라는 생각이 들었습니다. 한 달쯤 죽을 드시다가 임종 일주일 전부터 일체의 병원 처치는 물론 자신의 의지로 곡기와 물을 거부하였고, 임종 몇 시간 전까지도 의식의 끈을 놓지 않고 일가친척의 인사를 받았습니다. 놀라운 일은 물조차 거부한 일주일 동안 여러 차례 배변을 하여 속을 완전히 비웠다는 것입니다. 나도 저런 깨끗한 죽음을 맞이할 수 있을까, 부러움을 느끼게 한 장인의 죽음이었습니다.

치매 예방을 위해 한자 필사를 하루에 몇 백 자씩 하고 하루 걸러 꼭 한 번 산에 오르면서 다리의 힘을 잃지 않았기에 깨끗한 죽음을 맞이할 수 있었을 것입니다. 그것도 자신의 의지로, 별다른 고통 없이 돌아가신 장인어른은 인간보다는 초인에 가까웠습니다. 표정이 내내 그렇게 편할 수 없었습니다.

장례식 며칠 후 우연히 한 의사의 신문 칼럼을 보게 되었습니다. 92세 할머니가 사망한 상태로 병원 응급실로 실려 왔는데, 돌아가시기 전 일주일 동안 음식을 안 드셨다는 것이었습니다. 이 경우는 자연사가 아니라 변사이며, 사망 결과만 보면 노인 학대에 해당되고, 식구들이 노인을 굶겨 죽였다는 것이 그 칼럼의 내용이었습니다. 저는 이 칼럼을 보고 깜짝 놀랐습니다. 최상의 죽음이라고 여긴 그 죽음의 길이 바로 '노인 학대'였고 '굶어죽게 한 것'이었다니!

의사라면 응당 92세 할머니를 두고서도 "최소 몇 달은 더 살 수 있었을 것이다"란 말을 할 수 있을 것입니다. 그러나 제 생각은 조금 다릅니다. 인간에게는 자신의 존엄을 지키며 죽어갈 권리도 있는 것이 아닐까요. 아마도 그 할머니는 사망 전 일주일 동안 음식을 먹고 소화시키고 배설할 능력을 발휘할 수 없었을 것입니다. 직접 눈으로 보지는 않았지만 그 할머니의 죽음은 변사가 아니라 자연사였을 것입니다. 그런데 유가족한테 이런 죽음은 영양실조에 의한 변사로 봐야 하니까 사체검안서가 나가야 한다고 말하면 기절초풍할 노릇이 아니겠습니까.

92세 할머니의 몸이 편찮은 것은 당연한 일입니다. 그런 할머니의 목숨을 몇 달 연장시켜 드리기 위해 링거 주삿바늘과 산소호흡기를 몸에서 떼지 않는 것이 옳다고 말하는 사람이 있다면 저는 반대하고 싶습니다. 사람이 늙어 기력이 쇠하여 죽는 것을 의학의 힘으로 몇 달 연장하는 것이 무슨 의미가 있느냐고.

임종에 이른 환자를 돌보는 호스피스에 대한 예우가 언론에서 거론되고 있습니다. 병원에서 호스피스의 도움을 받으며 임종을 맞이하는 환자는 사망 인구의 5%밖에 되지 않는다고 합니다. 호스피스를

양성하는 교육 시스템이 정비될 필요가 있습니다. 호스피스 또한 자신의 일에 보람을 느낄 뿐 아니라 경제적 안정도 취할 수 있도록 처우를 확실히 해주어야 합니다. 이와 아울러 가장 중요한 것은 임종을 앞둔 이가 병원이 아닌 자기 집에서, 마음이라도 편안한 상태에서 숨을 거둘 수 있도록 해주어야 한다는 것입니다. 제가 만약 노환으로 숨을 거두게 된다면 병원에서 몇 개월 목숨을 연장하느니 집에서 숨을 거두고 싶습니다. 곡기도 끊고 물도 거부하면서 내 죽음의 주인이 되고 싶습니다. 이런 마음으로 시를 한 편 써보았습니다.

> 회복 불가능한 말기암 환자의 외침이
> 옆방에서 들려온다 모르핀을 놔줘
> 아예 날 죽여줘
>
> 죽을 목숨들이 끈질기게 살아가는
> 여기 호스피스 병동에서
> 사지가 멀쩡한 것은 수치羞恥다
> 줄어드는 링거 병을 바라보며
> 꺼져드는 삶의 불씨들을 바라보며
> 남들의 남은 목숨을 헤아리면
> 내 마지막 모습을 떠올리게 된다

새벽이 오기 전에 꼭 한 번은 경련하는 별
죽음을, 어떻게 살고자 해야 하는가
삶이란, 쉴 사이 없이
남의 죽음을 지켜보는 과정

밤의 의미를 되새기며 죽어가는 별이 있다고 하여
누가 그 무수한 별의 아픔을
나눌 수 있으랴
대신할 수 있으랴
아프니까 아프다고 호소하는 사람을
아프니까 죽여달라고 애원하는 사람들

한번 지독하게 아파본 사람은 알리라
새벽 동이 트기까지가
얼마나 가파른 길인가를
그 희미한 빛이
얼마나 가슴 벅찬 메시지인가를
여기서 생명 연장의 꿈은 부질없는 것

하반신이 마비된 어느 별은 아무 말 없이

버틸 때까지 버틴다
소원은 단 하나
집에서,
죽고,
싶다는 것

　　　　　　　―「호스피스 병동의 밤」(『아픔이 너를 꽃피웠다』) 전문

10년 동안의 고독,
억만년 동안의 침묵

장모님이 병원에 입원하신 지 어언 10년이 되었습니다. 타일로 되어 있는 욕실 바닥에 물이 있으면 미끄러운데, 넘어져 허리를 다치는 일이 일어났습니다. 한순간의 불운이 10년째 이어지고 있습니다.

문병을 갔던 병원 응급실, 중환자실, 요양병원……. 갑자기 무슨 수치가 떨어져 혼수상태에 빠지거나 어디에 마비가 오거나 하면 응급실로 달려가야만 합니다. 치료를 받고 약간 회복이 되면 중환자실로 갔다가 다시금 요양병원으로 옮겨 드리는 일을 반복하고 있습니다.

병원 응급실은 고통의 극단에 처한 이들의 아비규환으로 난장판 같습니다. 밤이 새도록, 교통사고를 당해 들어온 환자가 비명을 지르는 소리를 들었습니다. 그분에게는 황천이 지척이었습니다. 중환자실에서는 혼수상태에 빠진 장모님의 바로 옆 침대에서 막 임종하는 환자를 보았습니다. 하, 하, 하, 하, 숨을 헐떡이며, 한 존재가 세상과 작별하는 장면을 목격했던 거지요. 환자가 숨을 거두자, 지켜보던 가족 전원이 일제히 통곡하는 장면이 잊히지 않습니다.

요양병원은 6인 병실이 있고 8인 병실이 있습니다. 아내는 매달 서너 차례 문병을 가지만 저는 두세 달 혹은 서너 달에 한 번씩 갑니다. 갈 때마다 이웃 침상의 할머니 한 분이 다른 분으로 바뀌어 있습니다. 돌아가셨거나 중환자실로 옮겨갔기 때문입니다. 일반병원이 아니라 요양병원인지라 회복이 되어 퇴원하는 경우는 거의 없습니다.

저는 지난 10년 동안 두어 달에 한 번은 반드시 요양병원에 가서 장모님을 위로해 드리는 일을 해오고 있는데, 슬쩍슬쩍 보았던 환자분의 수도 참 많았습니다. 60대, 70대, 80대, 90대 할머니들.

식사시간 두 시간만 지나면 배가 고프다고 칭얼대기 시작하는 분이 계셨습니다. 문병을 자주 오지 않는 아들의 이름을 발작적으로 외쳐 부르는 할머니, 낮잠 주무시면서도 코를 크게 고는 할머니, 목소리가 큰 할머니, 눈물이 많은 할머니, 불평불만이 많은 할머니, 며느리가 미운 할머니, 아들 자랑이 낙인 할머니……. 모두 어여쁜 처녀였을 것입니다. 언젠가는 새신랑이 사랑스러워하며 어루만지고 품어보았던 아름다운 신부였겠지요. 하지만 현재의 모습은 대부분, 스스로 용변 처리도 하지 못합니다. 소변은 고무주머니로 배출되고, 대변은 간병인의 도움이 있어야 간신히 처리할 수 있습니다. 혼자 힘으로는 돌아눕지도 못하는 몸, 몸이 형벌입니다.

　장모님 덕에 몇 달에 한 번씩 인간의 생로병사에 대해 이런저런 생각을 해보게 됩니다. 그래서 또 시를 쓰게 됩니다.

　인간의 일생, 별의 일생, 나의 노후, 별의 노후. 시간은 미래를 향해 직진하는가, 영원 회귀하는가. 지구상에 생명체는 어떻게 생겨나서 번식하고 생존하게 되었는가. 지구도 달도 태양도 수명이 있는가. 언젠가는 폭발하는가, 소멸하는가. 20세기에 들어서고부터 멸종하는 동식물이 그렇게 많다는데 우리 인간이 지구 마지막 날까지 살아남을 동물의 종인가. 바퀴벌레보다도 메타세쿼이아보다도 더 오래 지구상에 남아 있게 될까. 내 조상들의 뼈와 머리카락과 손톱 발톱은 지금까지도 지구상에 남아 있는가. 나도 저 할머니들처럼 요양병원에서 생의 말년을 보내게 될까. 내 아버지 어머니처럼 암 발병 4개월 만에 세상과 이별하게 될까.

　두 분은 유언도 하지 못했고, 병원 중환자실에서 한밤중에 눈을 감았습니다. 즉, 자식들이 임종을 지키지 못했습니다. 제가 죽으면 아마도 화장을 할 텐데, 유골함에 넣어져 납골당에 안치되면 후손에게 짐이 되지 않을까요.

　문병을 가면 꼭 이런 생각을 하며 귀가하게 됩니다. 하지만 일단 귀가하면 현실의 온갖 복잡다단한 일들이 기다리고 있기에 시간과 죽음, 지상의 삶과 영원, 생명과 우주에 대한 일은 잊고 지냅니다. 시를 쓰려고 하면, 불현듯이 요양병원에서 보았던 할머니들의 모습이 한 분 한 분 떠오릅니다. '나도 곧 저렇게 될 것을. 시간 앞에 장사 없고 죽음 앞에 용사 없거늘.' 그래서 성경이며 불경을 꺼내 읽게 됩니다.

중학생 때 본 〈십계〉라는 영화에는 모세가 홍해를 열어 이스라엘 백성을 구하는 장면이 나오는데 성경 출애굽기 제12장에서 15장까지의 내용입니다. 성경에서도 가장 극적인 장면이지요.

여호와께서 모세에게 말씀하셨다. "너는 어째서 살려 달라고 내게 부르짖고만 있느냐? 이스라엘 사람들에게 앞으로 진군하라고 명령을 내려라. 그리고 지팡이를 들고 네 손을 바다 위로 내뻗어라. 그러면 바다가 갈라지리라. 그때에 이스라엘 사람들이 바다 한가운데를 마른 땅처럼 건너게 되리라."

우리나라 진도 앞바다가 그렇듯이 성경의 이 장면은 기적이라기보다는 신기한 자연현상입니다. 하지만 영화의 장면이 연상되어 성경을 읽을 때면 신이 납니다. 쫓아가던 애굽의 병사들이 떼죽음을 당했는데도 말입니다. 화엄사상과 정토사상의 융합을 꾀한 의상625~702의 『화엄일승법계도華嚴一乘法界圖』를 30구 210자로 요약한 『법성게法性偈』에는 좋은 말이 많이 나옵니다.

一中一切多中一　하나 안에 모든 것이 있고 모든 것 안에 하나가 있다.
一即一切多即一　하나가 곧 모든 것이며 모든 것이 곧 하나다.
一微塵中含十方　하나의 먼지가 곧 우주 전체다.
無量遠劫即一念　한량없는 시간이 곧 한 생각이다.
一念即是無量劫　한 생각이 곧 한량없는 시간이다.
初發心是便正覺　처음 발심이 곧 깨달음이다(초발심으로 살아라).
生死涅槃常共和　생사라는 중생의 세계와 열반의 세계가 늘 함께 어울린다.

저 자신 지금 일개 생명체에 지나지 않고, 때가 되면 먼지로 돌아갈 존재입니다. 그래서 시를 쓰면서 생명과 우주의 신비에 대해 골똘히 생각해보게 됩니다. 억만 년 동안, 혹은 그 이상 침묵할 것입니다. 시는 그래서 쓰는 것입니다. 이 창조행위의 결과물인 시는 제 영혼의 유전자를 간직하고 있는 저의 분신이기 때문입니다. 내일 지구 종말의 날이 오면 오늘 혹자는 사과나무를 심겠지만 저는 시를 쓰고 있을 것입니다. 이런 시를.

꽃피울 줄 모르는 듯
봄이나 겨울이나 그 모습 그대로
죽은 듯이 네 해를

살아 있던 호접란
그대 깊이 병들어
남은 날을 헤아리게 된 오늘에사
花, 알,
짝으로 피어
눈부시네

나 몰래 숨어 있던
난초의 힘이 얼마나 강력했으면
정성이 얼마나 간절했으면
저렇게 꽃, 피웠을까
저렇게 향기, 피우고 있을까
기다리고 기다려
빛 왈칵 쏟아놓고 있으니
병 깊은 그대
몇 날만 더 살아주어야겠네

－「꽃의 힘」(『뼈아픈 별을 찾아서』) 전문

병원의 누이동생에게

　선영아. 추석명절에 너를 보고 와서 여러 날 눈에 밟혀 힘든 나날을 보냈다. 몸에 별 탈이 없다니 불행 중 다행이랄까. 그래도 날씨가 조금씩 추워질 테니까 감기 같은 것에 안 걸리게끔 늘 몸조심하기 바란다.

　오빠는 5월에 시집을 한 권 냈단다. 제목부터 살벌한 『감시와 처벌의 나날』이란다. 미셸 푸코의 『감시와 처벌 Surveiller et punir』에서 제목을 따왔지. 푸코의 책은 부제가 하나 붙어 있는데 '감옥의 역사 Naissance de la prison'야. 인류의 지구 출현 이후 중세부터 근세에 이르는 동안 감옥이 점점 더 많아지고 넓어져 온 역사를 다룬 책이지. 중세까지만 하더라도 인간은 농촌공동체를 이루고 살면서 한두 번의 실수, 약간의 광기를 인정해주었는데 도시화 · 문명화가 되면서 이들을 감옥이라는 격리된 곳에 수용하고 '죄'와 '벌'의 항목을 늘여갔다는 거야. 내가 어릴 때는 친구들과 함께 동네에서 '바보'라고 놀림을 받는 좀 모자라는 아이와도 어울려 놀았는데 지금은 미치광이로 취급받는 것을 보면 푸코의 주장은 일리가 있어. 그애는 학교에도 안 다니고 놀기만 해서 얼마나 부럽던지.

　오빠는 10년 전부터 교도소나 구치소, 소년원 같은 델 가서 일종의 재능기부를 하고 있단다. 영등포구치소·안양교도소·남부교도소에는 여러 달 이어서 갔었고 춘천교도소와 춘천소년원, 안양소년원(고봉중·고등학교)에는 몇 차례 특강을 하러 갔었지. 그리고 2012년부터는 법무부 사회복귀과의 의뢰를 받아 재소자들의 문예지인『새길』에 실리는 작품을 심사하고 있단다. 시나 독후감도 받고 있지만 가장 많이 투고되는 '테마수필'을 심사하다 보니 온갖 사연을 다 읽게 된다. 그쪽 세계에 대해 보통사람들이 잘 모르는 일들을 알게 되니까 그들을 이해하는 심정으로 시를 쓰게 되더구나. 예컨대 이런 시야.

　　우락부락한 소년들이 모두 화나 있다
　　같은 머리 모양 같은 색깔 같은 디자인의 옷

　　들어온 이후 단 한마디도 말하지 않는 소년이 있다
　　뒤늦게 알았다고 한다

아빠도 친아빠가 아니고 엄마도 친엄마가 아니었다

등을 휘어감은 뱀 무늬 저 문신을 어찌할 것인가
이마에 칼자국 팔뚝에 담배자국
소년들 영혼의 흉터는 또 어찌할 것인가

좁은 방 안에서 열댓 명의 소년이 뒹굴고 있다
옷깃만 스쳐도 인연이 아니라 살갗만 스쳐도 싸움이다
모두 투견장의 개들처럼 으르렁대고 있다

두어 달에 한 번은 징벌방에 가는 소년들이
울부짖고 있다 철창 너머 보이는 하늘을 향해
외치고 있다 세상을 향해 학교를 향해 부모를 향해

죽어버리라고 망해버리라고
죽고 싶다고 어차피 끝난 인생이라고
주먹에서 피가 나도록 벽을 치는 소년들

펜을 주었다
기막힌 사연들이 간절한 바람들이

가슴으로 영혼으로 눈물로 피눈물로 쓴 시

아무도 구경 오지 않는 썰렁한 시화전
작품들 강당 한 구석에 어색하게 서 있다
어디로 갈까 어디에 처박혀 있다 어떻게 버려질까

그래도 꿈이 있구나 바리스타가 되고 쉐프가 되고
그래, 사랑하고 싶었고 사랑받고 싶었구나
발걸음 뗄 수 없게 하는 소년들의 목소리
―「소년원에 가서 시화전을 보다」(『감시와 처벌의 나날』) 전문

  교도소 방문은 허전·손옥자 시인의 초청으로 이루어졌었다. 이 두 분은 콤비를 이뤄 10년 전부터 전국의 교도소와 군부대에 시창작 특강을 하러 다니는데, 그 비용은 문화예술위원회의 지원이 있어서 강사료를 받고 나가는 것이었어. 나는 이 두 분이 강사료를 좀 떼어 주니까 말 그대로 자원봉사였지. 가수 이남이 씨가 동행을 했던 안양교도소와 춘천교도소에서의 시창작 특강은 노래가 곁들여져 아주 흥겨웠단다. 가수의 작고 후 딸인 이단비 씨와 동행했던 적도 몇 번 있었지.

  안양교도소와 안양소년원 방문으로 이어진 것은 상담학으로 박사

학위를 받은 서경숙 시인이 안내를 해주었기 때문이란다. 10주 프로그램 중 2주를 맡아서 하기도 했었고 몇 달 동안 앞 시간 뒤 시간으로 나눠 같이 진행하기도 했었다. 안양교도소 10주간 프로그램은 KBS에서 찍어 다큐 프로그램으로 방영되기도 했었다. 제일 오래 나갔던 데는 영등포구치소였지. 한 번은 3개월 동안 한 번은 4개월 동안 나갔던 걸로 기억한다.

제일 처음 안양교도소를 방문했을 때는 정말 겁을 잔뜩 먹고 나갔었지. 시 공부를 해보겠다고 자원해서 온 15명 재소자 중에는 마약사범, 아동성폭행범, 살인범과실치사, 각종 경제사범……. 죄도 다양했고 나이도 천차만별이었다. 똑같은 것은 나를 쳐다보는 그들의 시선이었지. 얼음장 같았다. 옷이라도 털털하게 입고 갈 것을! 양복에 넥타이, 안경까지 썼는데 얼굴은 또 오죽 창백했는가.

'뭐 저런 범생이 우리를 가르치겠다고? 흥, 대학교수라니 우리와 아무 상관없는 족속이네. 뭐라고 지껄이다 가겠지.'

그렇게 말하는 것 같았어. 난감한 침묵의 시간이 흘러갔어. 나는 어머니에 대한 이야기를 하기 시작했지. 고생으로 점철된 한 여인의 생애를. 남편의 경제적 무능과 주기적인 손찌검, 세 자식이 안겨준 끔찍한 고통, 병을 지닌 채 30년을 끌고 간 문방구점……. 서울법대 2학년 장남의 사법고시 1차 시험 합격은 아버지에게 처음으로 화통한 웃음을 선사했었지. 3학년 때 1차시험에 한 번 더 합격했으니 4학년 때의 2차시험 합격은 떼어놓은 당상이라고 사람들이 입을 모아 얘기했었다. 네 큰오빠가 생의 진로를 문학으로 바꾸기로 하자 아버지는 폭력과 광기의 나날을 살아가는 것이었다. 고등학교에 갓 입학한 나를 학교에 다닐 수 없게 했지. 나는 집을 나가면서 어머니에게 가출의 변을 쓴 편지를 남겼는데 겉봉에 '유서'라고 써놓아 어머니는 통곡으로 세월을 보냈고……. 가출지는 서울에서 부산으로, 또 대구로 이어졌고 춘천 고모님 댁에서도 반년 이상 머물렀지. 네가 죽 지켜봤겠지만, 작은오빠가 학교 중퇴 이후 여기저기 떠도는 동안 어머니는 눈물로 세월을 보냈을 것이다. 대학에 다니기 전 5년 동안 나는 가장 어린 민방위 대원이었다.

이런 이야기를 늘어놓자 책상 위로 천정으로 시선을 보내고 있던 재소자들이 나를 쳐다보기 시작하는 것이었어. 그렇게 시작된 재소자들과의 나날. 그들의 슬픈 사연에 가슴아파 했다. 그들은 대체로 인내심이 부족했고 분노조절능력이 떨어졌다. 가정이 하나같이 불우했다. 그런데 어머니에 대한 애틋한 정, 그리움, 죄스러움 등은 다들 공유하고 있는 것이었다. 그들도 나처럼 불효자식이었다. 이것이 그들과 나를 맺어준 하나의 끈이었을 거야. 어머니에 대한 글을 쓰면서 그들은 자신의 죄를 진심으로 뉘우쳤고 그 글을 읽으면서 엉엉 울었다. 어머니에 대한 깊은 원망을 품고 있던 재소자는 최소한 그 원망을 거둬들이는 것이었다.

바로 며칠 전에 다녀온 성동구치소에서는 이런 사연을 들었다. 폐질환으로 늘 누워 지내던 아버지가 어느 날, 아들을 데리고 외출을 한다. 초겨울 초저녁 꽤 추운 날이었다. 병으로 쇠약해진 몸으로 목말을 태워주어 당황했었고, 군고구마를 사주어 기분이 너무 좋았다고 한다. 평소에는 말 한마디 없는 아버지가 이것저것 말도 붙여 어색하기도 했던 날, 그날이 아버지 돌아가시기 사흘 전 일이었다. 여섯 살 때였다고 한다. 짧게 쓴 글 속 내용인데, 잘 썼다고 큰 박수를 쳐주었다. 문장은 허술했지만 진솔하고 감동적인 글이었다.

시집의 절반은 이처럼 영어囹圄의 몸이 된 사람들에 대해 쓴 시를 모은 것이야. 그리고 나머지 절반은 전국 곳곳에 교도소보다도 더 많이 있는 신경정신과병원에 입원해 있는 사람들에 대해 쓴 시인데, 여기에 대한 이야기는 나중에 또 해줄게.

선영아, 늘 건강하게 잘 지내기를 바란다.

2016년 10월 7일
작은오빠가

당신은 어떤 상을 받고 싶은가요?
—남부구치소의 아무개 님께

보내주신 편지와 신문쪼가리 잘 받았습니다. 고맙습니다. 그간 별고 없었는지요?

제 시 「등」이 문화일보에 실린 것을 보고 오려내 보내주셨군요. 청탁을 받고 짧은 시 1편을 보내긴 했으나 문화일보를 구독하지 않기에 저는 정작 제 시를 신문지상에서 못 봤는데 오려서 보내주셔서 고맙습니다. 그곳에서도 돈을 내고 신문 구독을 한다고 들었습니다. '안'에 계신 그대가 '바깥'에 있는 저보다 소식이 빠릅니다. 보내주신 이슬 양의 시는 제 졸시보다 백 배 낫습니다. 눈시울을 뜨겁게 합니다.

아무것도 하지 않아도
짜증 섞인 투정에도

어김없이 차려지는
당연하게 생각되는
그런 상

하루에 세 번이나
받을 수 있는 상
아침상 점심상 저녁상

받아도 감사하다는
말 한마디 안 해도
되는 그런 상
그때는 왜 몰랐을까?
그때는 왜 못 보았을까?
그 상을 내시던
주름진 엄마의 손을

그때는 왜 잡아주지 못했을까?
감사하다는 말 한마디.
꺼내지 못했을까?

그동안 숨겨놨던 말
이제는 받지 못할 상
앞에 앉아 홀로
되내어 봅니다.

"엄마, 사랑해요."
"엄마, 고마웠어요."
"엄마, 편히 쉬세요."

세상에서 가장 받고 싶은
엄마상
이제 받을 수 없어요.

이제 제가 엄마에게
상을 차려 드릴게요.
엄마가 좋아했던
반찬들로만
한가득 담을게요.

하지만 아직도 그리운

엄마의 밥상

이제 다시 못 받을

세상에서 가장 받고 싶은

울 엄마 얼굴 (상)

—전북 우덕초 6학년 1반 이슬, 「가장 받고 싶은 상」 전문

앞으로 엄마를 잃은 초등학생의 시가 우리를 감동시킵니다. 전라북도교육청 페이스북 페이지에 실렸다는 이 시는 연필로 쓴 것이 올라와 있었는데, 그림도 있더군요. 아이와 엄마가 밥상 앞에서 손을 잡고 있는 그림입니다. 엄마가 매일 세 번 밥을 차렸다는데, 어린 이 양이 엄마를 기리는 제사상을 차리게 되었으니 기가 막힌 일입니다.

제가 작년 겨울에 모두 세 차례에 걸쳐 남부구치소에 갔었는데 아무개 님은 한 번은 못 왔었나 봅니다. 그날 마침 제 어머니 얘기를 해드렸나 본데……. 제 어머니의 안부를 물어보셨는데 10년 전에 돌아가셨습니다. 췌장암으로 갑자기 돌아가셨지요. 저는 현재 고아입니다. 어머니 아버지 다 계시면 두 분 마음을 편하게 해드리세요. 지금 그곳에 있는 것만 해도 큰 불효를 하는 것입니다.

그곳에서 지낸 지 어언 18개월이 되었다고요? 내년에는 출소하게 된다니 나가는 날까지 잘 지내기 바랍니다. 하루하루 지내기가 힘들겠지만 내일에 대한 희망을 잃지 말기를 바랍니다. 인생은 결국 참고

참고 또 참는 것입니다. 용서하고 용서하고 또 용서하는 것입니다. 사과하고 사과하고 또 사과하는 것입니다.

시를 쓰고 싶다고요? 작품이 몇 편 모이면 보내주십시오. 제가 혹평을 해도 잘 참고(?) 오기와 집념으로 시를 계속 쓰기 바랍니다. 시는 꾸준히 써야 좋은 것도 나오는 법입니다.

전주교도소의 무기수와 여러 해 펜팔을 한 적이 있습니다. 시를 계속 보내오는데, 향상되는 것이 아니라 퇴보를 하기에 어느 날 작심하고 꾸지람을 된통 했지요. 그랬더니 그 뒤로는 편지를 안 보내오는 것이었습니다. 자유를 잃은 몸으로 힘겹게 살아가고 있다는 것을, 게다가 무기수라는 것을 잊고 학생한테 하듯이 이렇게밖에 못 쓰냐고 호되게 꾸지람을 했으니……. 제가 잘못한 거지요. 책을 몇 차례 보내드리며 마음을 달래려 애를 썼지만 묵묵부답, 지금까지 연락이 없습니다.

제가 낸 책 『이승하 교수의 시 쓰기 교실』과 시집 『아픔이 너를 꽃 피웠다』를 보내드립니다. 여분이 있어서 보내는 것이 아니라 도움이 될 거라는 생각에서 인터넷서점에 주문을 해서 보내는 것이랍니다. 도움이 되기를 바랍니다.

저는 시 치료 프로그램이 끝나면 꼭 제 학교 주소를 가르쳐드리는데, 저한테 시 쓰는 방법을 배운 여러분들의 시를 보고 싶어서입니다. 두어 번 써본 데서 그치지 말고 계속 써보기를 바라는 마음에서 주소를 가르쳐드리는데 직접 학교로 찾아와서 돈을 꿔달라고 한 분이 있어서 애를 좀 먹기도 했었지요.

　재소자들 대상의 문예지 『새길』지는 보고 계십니까? 6년째 『새길』지를 심사하고 있는데 아아, 가슴 아픈 사연이 정말 많습니다. 3개월에 한 번씩, 100편쯤 넘는 수필을 보고 심사를 해 20편을 뽑아서 심사평을 쓰고 있습니다. 그때마다 가슴이 찢어지는 아픔을 느낍니다.

　아무개 님의 형기는 사실 짧은 편에 속하지요. 무기수, 20년형, 30년형을 살고 있는 분도 즐비합니다. 그들 모두가 자기 죄를 뉘우치고 밝은 세상으로 나와서 살기를 바라는 마음에서 저는 이 일을 열심히 하고 있습니다. 어느 교도소, 구치소, 소년원에서 저를 불러줘도 저는 만사 제쳐놓고 달려갑니다. 제가 갖고 있는 이 알량한 시 쓰기 재주를 재능 기부한다는 생각에 저는 행복하게 이 일을 합니다. 갈 때 대중교통 수단을 이용하여 가기에 힘은 좀 듭니다. 지하철과 버스를 몇 번 갈아타고 가야 하니까요.

　운전은 죽는 날까지 안 배울 겁니다. 공상가와 망상가인 제가 운전을 하면 대형 사고를 몇 번 낼 거고, 아아, 초등학교나 유치원 앞에서 사고를 낸다면 아무 죄 없는 어린아이를…….

　대학 선배가 밤에 운전하고 가다가 사람을 치어 죽인 적이 있습니다. 한밤중의 강변도로. 평소에는 밤에 행인이 있을 턱이 없는 그곳에서 사람이 죽었습니다. 취객의 무단 횡단이었을 겁니다. 합의금을 내고 나와 형을 오래 살지는 않았지만 저는 그 소식을 들은 뒤에 운전을 배울 생각을 거둬버렸습니다.

　아무개 님은 어떤 상을 받고 싶습니까? 역시 어머니가 해주신 밥상이겠지요?

　시를 기다리고 있겠습니다. 대여섯 편, 예닐곱 편 모이는 대로 보내주십시오.

　날씨가 갑자기 부쩍 더워졌습니다. 몸 건강히 잘 지내기를 바랍니다.

2017년 6월 3일
이승하 올림.

　아버지가 아들의 등을 본다
　잠자는 꼽추
　내가 너를 이렇게 낳았구나

　아들이 어머니의 등을 본다
　지팡이 짚은 꼬부랑노인
　저 때문에 허리가 기역자로 굽었지요

　아들 등을 가만히 어루만져준다
　어머니 등을 몰래 한번 쓸어본다

따뜻한 등이 밝은 등이 되는 순간

—「등」전문

우리 모두 유언장을 작성합시다
― 암과 싸우고 있는 그대에게

제 어머니의 병상을 지키면서 이런 시를 썼습니다.

말기 암의 어머니에게 이 밤은 너무 길다
아스팔트 위를 달려가는 먼 자동차 소리
이 시각에 가야 할 곳 그 어디일까
하도 많이 아프다고 해서
더 이상 아프다는 말도 못하겠다고

뼈 마디마디가 쑤시고
신경 마디마디가 저리다고
아침이 오기는 오겠지만 어머니

이마에 진땀을 줄줄 흘리면서
때로는 온몸 부들부들 떨면서

이렇게 아픈 걸 보니 살아 있는 게야
살아 있음을 알려주는 신경계
청력과 시력 급격히 떨어지고
아픔만으로 존재하는 어머니
형광등도 파르르 떨고 있다 이 한밤의 고비에서
—「어머니와 함께 밤을 세우다」(『생애를 낭송하다』) 전문

제 어머니는 췌장암 선고를 받고 암세포가 다른 장기로 급속히 퍼져 항암치료도 받아보지 못하고 암환자임이 밝혀진 지 4개월 만에 눈을 감았습니다. 이 시의 내용에 따르면 오랜 시간 암과 싸운 듯한 인상을 주지만 사실은 그렇지 않습니다. 시적 상상력으로 쓴 것이므로 암투병 중인 다른 수많은 사람들, 즉 여러분들의 경우라고 보면 되겠습니다. 많이 힘드시죠?

항암치료를 하면 머리카락도 빠지고 몸무게도 빠진다고 해요. 생에 대한 자신감도 조금씩 약해져갈 수 있겠지요. 정신없이 살아온 지난날에 대한 회한과 가족에 대한 미안한 감정도 몰려오겠지요. 건강에 좀 신경을 쓸 것을. 술을 좀 덜 마실 것을. 담배를 좀 일찍 끊을 것

을. 아내와 혹은 아이와 여행을 좀 다닐 것을. 외식이라도 가끔씩 할 것을.

이런 반성을 하게 될 수도 있을 것입니다. 그 친구와 화해할 것을. 그 사람에게 미안하다고 말할 것을. 그때 그 짓을 하지 말았어야 하는데. 왜 그때 그런 말을 했을까. 지금이라도 사과하고 싶은데 내 몸이 이 지경이니…….

이런 반성을 할 수도 있습니다. 성당에 좀 더 자주 나갔어야 했는데. 목사님이 하라는 봉사활동을 제대로 했다면 하나님이 이런 시련을 주실까. 절에 이름만 달랑 올려놓았으니 원.

고요한 밤이 되니까 온갖 생각이 다 떠오르지요? 지난 세월 동안 내 욕심만 챙기면서 살아왔다고 후회가 되지 않습니까? 지금 묵주나 염주를 손에 들고 계시는가요? 기도를 하고 계신가요? 성경을 읽거나 성경 구절을 떠올리고 계시는지요?

저는 1985년 겨울에 천주교 영세를 받은 신앙인인데 주일에 성당에 나가는 날보다 안 나가는 날이 많은 순 엉터리 교인입니다. 불교에 관심이 많아 붓다의 생애를 시로 써 『불의 설법』 같은 시집을 펴내기도 했습니다. 사람들 앞에서 스스로 천주교인임을 밝히지 않아 왔고, 사람 많은 구내식당 같은 데서 식사할 때는 천주교인임을 드러내지 않으려고 성호도 잘 긋지 않습니다. 비승비속非僧非俗이라는 말이 있는데 제 경우는 반신반의半信半疑랍니다. 창조주 신은 영 믿지 않고 인간 예수 그리스도를 믿고 따르니, 즉 삼위일체를 아직도 의심하고 있으니, 교리를 몰라도 한참 모르는 사이비 교인입니다.

여러분 혹시 붓다와 예수가 마지막으로 무슨 말을 남기고 숨을 거두었는지 아십니까? 즉 그들의 유언이 무엇이었는지 아십니까? 여러분에게는 아직 내릴 수 있는 '남은 역'이 많습니다. 차가 잠시 정차한 이 시간에 유언장을 작성해 두는 것이 좋지 않을까요? 유산 분배에 대한 것이 아니라 가족과 친지, 친구, 동료 중 몇 사람에게 남기는 몇 통의 편지 말입니다. 우리나라 사람들은 고맙다, 미안하다, 사랑한다는 말을 잘 안 한다고 해요. '내 마음 제가 알겠지' 하고 짐작하겠지만 그대는 사실 무뚝뚝한 사람입니다. 고맙다, 미안하다, 사랑하다는 말을 담아서 쓰는 그 편지가 유서라고 생각하지 마시고, 오랜만에 써보는 편지라고 생각하면 어떨까요?

쿠시나가라로 가는 길에서 왜 나는
아버지의 마지막 모습을 떠올렸던 것일까
형광등 푸르르 떠는 흑석동 중앙대병원 중환자실
의식을 놓았는데도 오르내리는 가슴
진통제 링거 덕에 몸은 아프지 않은 것인가

대장장이 춘다의 공양을 받고 물리치지 않았다

스카라 맛다바
독성이 있고 상한 것으로 보이는 음식이지만
"이 음식을 나만 먹게 하고 남들에게는 주지 말며
남은 것은 구덩이에 파묻으라."
피가 섞인 설사를 하면서도 계속 길을 가다가
마침내 쿠시나가라에서 열반에 들게 된다

형광등 불빛 받으며 푸르르 떠는 아버지 몸
심장박동 멈추고 가슴 평평해지자
그래프의 선도 그 자리에서 오르내림을 멈춘다
"임종하셨습니다."
의사는 사인을 하고 나는 휴대폰 꺼내든다
오늘이 며칠인가 태양은 또다시 떠오르고
흑석동 일대 아침 출근 시간의 차량들
세상은 여전하구나 여전하리라 내 죽은 뒤에도

내 마지막 날을 늘 생각하리
'열반에 들게 한 최후의 공양을 바친 공덕'을 얘기하며
괴로워하는 춘다를 위로했다는 부처
"모든 것이 덧없다, 그러니 게으름 없이 정진하여

수행을 완성토록 하여라."
내 생애 마지막 말은 아버지처럼 침묵일까

유언은 없었지만
아버지 침상 옆에서 깨어났던 많은 밤들이여
한평생 나누었던 대화보다 많은 얘기를 했던 4개월이여
병상의 날들에 나는 아버지 눈사람을 만들었다
아버지는 녹고 있는 얼음덩어리
다 녹았다 땅으로 스며 아프지 않을 것이다

여기는 한 사람이 열반한 땅 인도의 쿠시나가라
내 아버지 기일을 손가락으로 헤어본다

- 「지상에서의 마지막 밤」(『불의 설법』) 전문

 제 아버지는 몸이 안 좋아져 병원에 입원해 림프종 암 진단을 받았지만 사인死因은 악성폐렴이었습니다. 병원 중환자실에 계신 상태에서 한밤중에 돌아가셨기 때문에 아무도 임종을 못 지켰지요.
 대장장이 춘다라는 이가 있었습니다. 제자들을 데리고 전법 여행 중이던 붓다를 보자 존경하는 마음에 음식 공양을 하는데 '스카라 맛다바'라고 하는 기름진 음식을 내놓았습니다. 붓다는 하루 이틀 지난 음식인지 이상한 냄새도 좀 나고 고기라서 영 마음이 내키지 않았지만 호의를 무시하는 것은 예의가 아니라는 생각에 몇 점 집어 먹었습니다. 허기는 달랠 수 있지만 그만 탈이 났습니다. 설사를 하고 나중에는 피똥까지 흘리면서 몸져 앓아눕고 결국 열반에 들게 됩니다.

입적을 앞둔 이때, 제자들에게 유명한 말을 남기지요. "모든 것이 덧없다, 그러니 게으름 없이 정진하여 수행을 완성토록 하여라." 어떤 책을 보니 "인생무상이니 정근正勤 정진精進하여라."라고 되어 있기도 했습니다. 같은 말이지요. 참 훌륭한 유언이 아닙니까? 그래서 붓다는 인류의 스승이요 불교라는 종교의 창시자가 될 수 있었던 것입니다. 이런 시도 『불의 설법』에 나옵니다.

> 배가 고프면 입에 무엇인가 넣어야 하고
> 졸음 쏟아지면 등을 바닥에 눕혀야 한다
> 이 어찌할 수 없는 육체의 속박에서 벗어나
> 더 큰 자유를 누릴 때가 되었나 보다
>
> 아난다여 내 가더라도 슬퍼하거나 서러워하지 말아라
> 인간은 자궁에서 열 달을 놀다가
> 길을 헤치고 나와 부모 무릎 아래서 기어다니다
> 대문을 열고 세상으로 나가게 되어 있다

고해라고 하지 않더냐
몸이 아프지 않으면 마음이라도 앓아야 하는
이 사바세계에서 살아갈 아난다여
지난 세월 돌이켜보니 나는 길의 친구였다

길에서 자고 길에서 설법하고 길에서 공양하고
길의 품에서 잠들었다 길이 나를 길들였다
세상에 길은 많고 많지만
이곳 쿠시나가라로만 놓여 있는 것이 아니다

스스로 마음에 절 한 채 지어놓으면
그 앞마당에는 보리수 순이 돋아나리
마당 구석에 연못이라도 파놓으면
연꽃이 피어나리 연꽃 지면 또 떠나기를

아난다여 내게 마지막으로 물어볼 것이 없느냐?
그래, 알겠다 비구들이여
농부에게 가을볕은 정오의 그림자보다 짧고
도반에게 시간은 한겨울 바람보다 빠르다

> 잘 들어라 아난다여 비구들이여
> 모여서 이루어진 것 반드시 흩어지게 되어 있다
> 태어난 것 반드시 죽게 되어 있다
> 그러니 살아 있는 동안에는 열심히 정진하여라
> 낙숫물이 떨어져 돌에 구멍을 내는 것과 같이
>
> — 「쿠시나가라에서 열반을」 전문

이 시에 나오는 아난다는 붓다의 10대 제자 중 한 사람으로 붓다의 사촌형제입니다. 따라서 크샤트리아 족, 즉 왕족 출신이지요. 늘 붓다를 따라다니면서 시중을 들었으며, 또 가장 많은 질문을 했기 때문에 최초의 경전 결집 당시 가장 많은 가르침을 모았다고 합니다. 붓다의 말을 가장 많이 들은 자라고 하여 '다문제일 多聞第一'이라는 호칭이 붙었습니다. 불경에는 "아난다야, 어쩌구 저쩌구" 하는 구절이 매우 많아서 시에 이렇게 써보았습니다. 기억력이 대단해 붓다에게 들었던 설법을 아난다가 토씨 하나 틀리지 않고 그대로 상기하여 불경을 편찬했다고 합니다. "내게 마지막으로 물어볼 것이 없느냐?"고 붓다가 질문을 하자 아난다가 대답을 못했다고 하는 이야기는 제가 지어낸 것입니다. 아무튼 저는 이 시에서도 붓다가 입적 직전에 한 말이 참으로 감동적이라서 한 번 더 써보았습니다.

자, 그럼 예수는 어떤 말을 생의 마지막에 했을까요? 미국의 성경

연구자이자 소설가인 짐 비숍은 『예수 최후의 날』이란 책을 썼는데 기원 30년 4월 6일 오후 6시부터 다음날 오후 4시까지 있었던 일을 시간대별로 기록한 일종의 기록문을 작성했으니 소설이라기보다는 다큐멘터리 프로그램 촬영 노트 같은 책입니다. 이 책과 성경을 참고하여 다음과 같은 시를 썼습니다. 좀 깁니다.

종일 제 몸 태운 태양도 이제 지쳐 좀 쉬려 한다
그대 안식하게 될 곳이 있는지 없는지
세상은 지금 악의 무리가 승승장구
피가 마르고 있다 아주 많은 피가
필요하다…… 수혈할 피가

"아버지여, 저들을 용서해 주옵소서.
저들은 무엇을 하고 있는지 모르고 있습니다."

저들은 지금 아무 생각 없이 남을 모함하고 저주하고
철저한 계산 아래 거짓말하고
죄 없는 이를 처형한다
노을이 깔려 피 흘리는 대지에 피어오르는 연기는
시체를 태우기 위함인가 고기를 구워먹기 위함인가

"오늘 네가 정녕 나와 함께 낙원에 들어가게 될 것이다."

낙원은 내 마음속에 있는가
사후에 가게 되는 곳인가
그 약속 그때 왜 하신 것인가

"어머니여, 보십시오. 당신의 아들입니다."

세상의 모든 남성이여
너희들에게는 어머니가 계시다
너희들을 위해 눈물 흘리는
돈을 구걸하는 거지, 밥을 훔치는 도둑, 몸을 파는 창녀가

"아들이여, 보아라. 그대의 어머니이시다."

아들이여, 보아라
너를 사랑으로 키운 분이시다
네가 잠잘 때 밥을 지었던
네가 감옥에 있을 때 기도했던
아파도 아프다고 말하지 않았던

배고파도 배고프다 말하지 않았던
세상의 한 어머니는
이 세상 모든 이의 어머니이시다

"엘리 엘리 레마 사박다니?"

세상 포근히 감싸안을
밤 기다리기가 이렇게 어렵구나
밤 지새우기가
밤 넘기기가
아아 두억시니 같은 밤 죽이기가

"목이 마르다."

목마를 때 물 마실 수 없는 사람들이여
목마른 이에게 물 떠줄 줄 모르는 사람들이여
물이 정말 없을 때
땅과 하늘이 다 말라붙었을 때
목이 마르다고 말하고 싶어도
말조차 할 수 없을 때

"아버지, 제 영혼을 아버지 손에 맡깁니다."

나 그냥 헌신하리
밤 오기 전에 빌고 또 빌어도
이루어지지 않는 꿈 같은 것 헌신짝처럼 버리고
나 그냥 기도하는 자세로 있으리
마른 대지에 무릎 꿇고

"다 이루었다."

밤이 왔다 마침내 밤 왔으니
태양이여 너 이제 다 이루었다
이젠 쉬어도 된다

—「예수, 십자가에 매달린 날 하신 말씀」,(『예수·폭력』) 전문

 따옴표 속에 쓴 것이 예수 그리스도의 마지막 말입니다. 짐 비숍의 책에 따르면 예수가 제일 마지막에 한 말은 "다 이루었다."입니다. 위대한 생애의 최후의 마침표가 이렇게 극적입니다. 타인을 위한 희생양을 자처한 죽음, 남을 원망하지 않고 용서하는 마음, 고통의 극한 속에서의 간구. 제게는 신약과 구약을 통틀어 이보다 더 가슴 벅찬 드

라마는 없습니다. "오늘 네가 정녕 나와 함께 낙원에 들어가게 될 것이다."라는 말은 어떻게 해서 나오게 된 것인지 아시지요? 잘 모른다고요?

십자가에 매달릴 때 같이 매달린 흉악범이 "주여, 저를 잊어버리지 말아 주십시오."라고 부탁을 했습니다. 그 한 마디에 예수는 위의 말을 한 것이지요. 말 한마디로 천냥 빚을 갚은 것이 아니라 천국행 티켓을 손에 쥐게 된 것입니다. 저는 이 일화에 담긴 교훈이 '죄'와 '뉘우침'에 있다고 생각합니다. 제 생각이 잘못된 것일 수도 있겠지만. 이번에는 성경 내용을 따라가지 않고 제가 나름대로 스토리텔링을 해본 것이 있습니다. 복무기간이 끝나 로마로 돌아간 병사가 이 스토리의 주인공입니다. 그 병사가 편지를 썼다는 것도 물론 제가 만들어낸 이야기입니다.

탕!
못질할 때 피가 튀었다
탕!
못질할 때 비명을 질렀다
탕!
못질할 때 여인들이 울었다
탕!

못질하면서 고향의 노모를 생각했다

십자가를 세웠다 하늘과 땅 사이에 매달린 이
줄줄 흘러내리는 피, 땅 색깔이 거무튀튀해졌다
허공의 비명도 땅의 통곡도 극에 다다라
짜증이 났다 믿을 수 없는 일
내가 사람의 손등에 못을 대고
망치로 내려치다니
나사렛 예수— 목공 요셉의 아들
나보다는 그대가 망치질 더 잘 하는 사람일 텐데

나는 너를 믿지 않는다
나랑 똑같은 팔과 다리, 성기와 배꼽
그런데 신의 아들이라니 구세주라니

나를 내려다보며 입 벌려 간신히 한마디 한다
  "아버지, 저 사람들을 용서하여 주십시오! 저들은 자기들이 하는 일을 모르고 있습니다."
  이런 망할 자식!
  나는 명령에 살고 명령에 죽는 군인

명령받고 한 일인데 모르고 있다니!

나는 올려다보며 큰소리로 외쳤다
"네가 유다인의 왕이라면 자신이나 살려보아라."
빈정거려 보았지만 너는 일그러진 얼굴로
희미하게 미소 짓는다 내가 딱하다는 듯

시간이 서서히 가고 오후 세 시쯤 되었다
숨이 끊어지는 것을 봐야 보고를 할 수 있는데
세 죄수의 숨이 좀처럼 끊어지지 않는다
신음소리 비명소리 좀처럼 그치지 않는다
여인들의 울음소리 좀처럼 그치지 않는다

바로 그때
"엘리 엘리 레마 사박다니?"
예수가 비명처럼 부르짖었다 그 소리에
거의 다 죽어 있던 옆의 두 죄수 잠시 눈떴으나
다시 스르르 감겼다

"목이 마르다!"

나도 사실 목이 무진장 말랐다 저놈 죄수들 모두
빨리 숨 거두기를 빨리 부대로 돌아가
물 벌컥벌컥 마시기를 갈망하며
숨 끊어지기를 기다리고 있는데

저게 뭔가 웬 묘비 앞에 놓인 그릇에 담긴 포도주
사람들이 그 포도주를 해면에 듬뿍 적셔서
히솝 풀대에 꿰어 예수의 입에 대주었다
나는 내버려두었다 어차피 죽을 목숨인 예수
포도주 몇 모금으로 힘을 얻었는지
"아버지, 제 영혼을 아버지 손에 맡깁니다."
제기랄, 인간의 목숨이 원래 저렇게 질긴 것인가

옆의 두 죄수 죽었는지 고개를 푹 숙이고 있고
예수도 눈을 감고 있었다 시간이 느리게 흘러갔다
참으로 긴 하루 너무 힘겨운 시간
하필이면 내 근무지가 이 메마른 고원지대라니

귀대할 때가 되었는데 그때까지도 안 죽고 있는 예수
"이제 다 이루었다!"고 외쳤다

이 말을 끝으로 고개를 떨어뜨리며 마침내 숨 거두었다
이 말 옆의 두 죄수 듣지 못했을 것이나
나는 들었다 그는 그때 왜 그런 말을 했을까

예루살렘 군복무를 바치고 로마로 돌아와
나이 일흔이 다 된 지금까지도 풀리지 않는 세 마디 말
"엘리 엘리 레마 사박다니?"
"아버지, 제 영혼을 아버지 손에 맡깁니다."
"이제 다 이루었다!"
왜 그는 그런 말을 했을까

내가 손등과 발등에 못을 대고
망치로 쾅쾅 내리쳐 십자가에 매달아 죽인
나사렛 예수— 나이 그때 만 33세
목공 요셉과 마리아 사이에 난 수염 기른 젊은이
사람들은 그를 성자라고 부른다는군

— 「예수를 십자가에 못 박은 로마 병사한테서 받은 편지」(『예수·폭력』) 전문

이런 편지를 썼다는 로마 병사에 관한 이야기는 제가 만들어낸 것이지만 시의 사연은 모두 성경에 나와 있는 것들입니다. 땅에다가 나

무꼬챙이로 무엇인가를 쓰기는 했었지만 글씨로는 한 문장도 남긴 적이 없는 예수였습니다. 하지만 하늘나라로 가는 길에 이런 몇 마디를 남겼는데 이 모두를 합치면 비장미에 있어서는 붓다의 유언보다 한 길 위입니다. 숭고미는 비슷하다고 할까요.

우리 같은 범인은 이런 말을 남길 수 없습니다. 그저 미리 작별인사를 해둔다는 생각에서 몇 자 써보는 것입니다. 글을 쓰기 어려우면 스마트폰에다가 녹음을 해두는 것도 좋겠습니다. 임종 직전에 남기는 유서라고 생각하지 마시고 내 진심을 전한다는 생각에서 펜을 드는 것이 좋겠습니다.

통증이 심하지요? 그대의 통증이 좀 완화되면 좋겠습니다. 암 완치율이 점점 높아지고 있다는 것은 아시지요? 병원 치료도 중요하겠지만 마음가짐은 그보다 더 중요합니다. 낙천적인 사람에게는 병마도 쉽게 접근하지 못합니다. 마음을 굳건히 먹고, 이 병을 이기고 퇴원해서 무엇을 할 것인지 목록을 만들어봅시다.

1. 아내와(남편과) 1년에 반드시 국내여행 한 번, 해외여행 한 번은 한다.
2. (자식을 어떻게든 회유하여) 3개월에 한 번은 외식을, 6개월에 한 번은 영화 관람을 한다.
3. 일주일에 한 번은 반드시 가벼운 산행을 한다.
4. 집안 청소는 아내 대신 내가 한다. (화장실 청소는 내가 한다.)

5. 주변의 초등학생 조카에게(친구 아들에게) 생일을 확인해 책을 선물한다. 재미있고 유익한 책을.
6. 식구들과 함께 6개월에 한 번은 반드시 연극 관람을 한다. (한국 연극의 고사를 막기 위하여!)
7. 일요일 오후에는 자전거를 타자.
8. 절대로 과식을 하지 않는다.
9. 고기보다는 야채를 많이 먹는 것으로 식습관을 바꾼다.
10. 남을 미워하지 말고 내 몸을 잘 돌보고 나를 사랑하자.

제가 예로 들어본 열 가지 중 한 가지도 사실 지키기 쉽지 않을 것입니다. 하지만 이런 여유와 취미생활을 즐기지 못했기 때문에 병마가 찾아온 것인지도 모릅니다.

부디 기운을 내십시오. 여러분의 완쾌를 기원합니다.

제 2 부

진료실의 시인들

설원을 걸어간 어머니의 발자국

어머니를 여의고 나서 시를 여러 편 썼습니다. 오래 앓다 돌아가신 것이 아니라 췌장암 판정을 받고 나서 4개월 만에 돌아가셔서 장례식도 경황없이 치렀습니다. 마침 2007년 구정 연휴 마지막 날에 돌아가셔서 병원 영안실 풍경도 차분하지 않았고 문상객도 상주도 얼굴 표정이 '당혹' 내지는 '당황'이었습니다. 고향에서 차례를 지내고 귀경길에 올랐다가 방향을 틀어 김천의료원 영안실에 '들른' 사람들이 대부분이었습니다. 신문 부고란이나 한국시인협회 소식란에 부고를 내려다가 귀경길에 공연히 마음 쓰게 할 것 같아서 그만두었습니다. 지금도 김천화장터 풍경과 어머니의 하얀 뼈가 눈앞에 선연히 떠오릅니다.

화장터 화구 앞에 식구들이 둘러섰다

쇠침대가 나온다
관도 염포도 수의도 사라지고
얼굴도 가슴도 손도 발도
사라지고 없다 아, 몸이 없다

발굴된 미라 같지만 수천 년을 견딘 것이 아니다
한 시간 만에 남은 것이라곤
팔과 다리의 뼈, 골반 뼈
제일 위쪽에 둥그렇게 놓여 있는
해골바가지로 남은 어머니 얼굴

손…… 파를 썰거나 고기를 다지거나
도마 칼질하는 소리에 잠에서 깨어났었는데
입…… 듣기 싫었던 꾸지람 소리
눈…… 돋보기 속에 담긴 눈웃음
맥주 반잔에 발개지던 양볼……

저 골반 뼈 속에는 생애 내내 자궁이
그 자궁에 10개월은 내가 들어 있었을 터
화장터 인부가 빗자루를 들고

쇠로 만든 쓰레받기에 뼈 쓸어 담는다

빗자루 끝에서 먼지가 인다 어머니의 몸이

—「뼈」(『생애를 낭송하다』) 전문

    화구 안으로 들어갔다 나오니 어머니의 몸은 온데간데없고 쇠침대 위에 하얀 해골, 사지의 뼈, 골반 뼈 등이 펼쳐져 있었습니다. 이 뼈 또한 순식간에 기계로 분쇄가 되어 따끈한 유골함을 받아 안고서 화장터를 떠났습니다. 죽음이란 것이 그랬습니다. 와병에서 죽음까지, 죽음에서 장례식까지 일사천리로 진행되었습니다. 저도 언젠가 죽을 것이고, 화장을 하든 수목장을 하든 사흘 만에 모든 장례 절차가 끝날 것입니다.

    우리 나이로 일흔일곱에 돌아가신 제 어머니는 1931년에 경북 상주읍 화산리에서 태어났습니다. 초등학교 6학년 때 전교 1등을 했는데 전교 1등을 한 학생만 원서를 쓸 수 있다는 경성여자사범학교에 지원, 합격했습니다. 시골 태생의 소녀가 서울에서 중학교를 다니게 된 것입니다. 어머니의 불행은 이 학교에 진학한 데서 시작된 것인지도 모릅니다.

    외할아버지의 초대 국회의원 출마와 낙선은 딸의 학업을 중단케 했습니다. 4학년을 마칠 무렵이었습니다. 어머니는 3남 4녀 형제의 제일 맏이였습니다. 집의 식구들이 굶어죽게 생겼는데 맏딸의 서울

유학은 언감생심 과분한 대우였을지도 모릅니다. 하지만 어머니는 기숙사에서 몇 날 며칠 울었다고 합니다. 외할아버지는 딸이 경성사범에 합격했을 때는 졸업 후 일본 유학을 보내주겠다고 약속했건만 자신의 정치적 야심에 딸의 희생이 필요했었나 봅니다. 근소한 차로 낙선하자 주변에서 돈을 안 쓴 탓이라고 난리였습니다.

1948년에 이어 1950년에 제2대 국회의원 선거가 실시되었습니다. 외할아버지는 자의 반 타의 반으로 출마했는데 이번에는 낙승이었습니다. 그때가 1950년 5월 31일이었고 한 달도 채 되지 않아 한국전쟁이 발발했습니다. 순식간에 한강다리가 죄다 끊기고 인민군들이 서울을 점령하자 하숙을 하고 있던 집은 은신처가 될 수 없었습니다.

"저 집에 국회의원이 한 사람 숨어 있습니다."

외할아버지는 단장의 미아리 고개를 철사 줄로 두 손 꽁꽁 묶인 채로 뒤돌아보고 또 돌아보며 끌려갔습니다. 어머니에게는 매일 눈물만 흘리는 자신의 어머니나의 외할머니를 대신해 실질적인 가장 노릇을 해야 하는 일이 주어졌습니다. 여섯 동생의 학비도 학비였지만 당장 여덟 명 가족 구성원의 끼니 때우기가 급선무였습니다. 매일 밭일을 했고, 돈을 꾸러 다녔다고 합니다. 시험을 치러 준교사자격증을 따내어 교사 생활을 시작했지만 서울공대에 들어간 장남과 서울미대에 들어간 차남의 학비를 댈 수는 없었습니다. 아르바이트도 할 수 없던 그 시절, 두 동생은 대학졸업장을 받지 못했습니다. 막내는 초등학교 졸

처녀시절의 어머니

업장을 받지 못했습니다. 모두 천추의 한을 가슴에 품고 살아가게 된 것입니다.

  선거운동을 자진해서 해주겠다고 많은 사람들이 나섰었는데 외할아버지 납북 소식이 전해지자 모두들 돈을 빌려주었다느니, 선거운동원으로 고용되어 일했다느니 하면서 채권자가 되어 몰려들었습니다. 과수원 하나와 조금 있던 논과 밭을 일거에 빼앗겼습니다. 채권자들은 집의 재봉틀까지 빼앗아갔습니다. 전쟁을 겪더니 세상 사람들의 인심이 하루아침에 이렇게 흉흉해진 것입니다.

  어머니는 열아홉 살 때부터 시작한 교사 생활을 11년 동안 하셨습니다. 서울의 미동초등학교 교사를 할 때 6학년 담임을 했습니다. 어머니는 자신의 일대기를 200자 원고지 500장 정도로 정리하여 '설원을 걸어온 나의 발자국'이라는 제목을 붙였습니다. 아래는 그 일부입니다.

  내 반에서 경기여중에 지원한 아이가 여섯 명이었는데 여섯 명 전원이 합격을 한 것이다. 미동초등학교 역사상 경기여중에 지원자 전원이 합격한 것은 처음이라고 하였다. 다른 아이들도 지원한 학교에 아주 많이 합격하였다. 교장선생님은 아주 기뻐하시고 참으로 수고했다며 나에게 악수를 청해 오셨다. 감격스러웠다. 참으로 기뻤다. 열심히 한 보람이 있었다.

  이 무렵 아버지는 시골 지서 주임이었습니다. 경찰관이라는 직업이 마음에 안 들었지만 열정을 다해 구애를 해 와서 어머니는 결혼하기로 마음먹었다고 합니다. 회고록 가운데 제13절 '남편과의 만남'을 어머니는 이렇게 썼습니다.

  청리초등학교에 근무하고 있을 때 하루는 지서 주임께서 인사를 하러 오셨으니 교직원은 모두 모이라는 전갈이 왔다. 선생님들은 모두 모였다. 직원들은 모두 이십 명 남짓하였고 그중 여선생님은 일곱 명이었다. 시골 학교치고는 약간 큰 학교였던 셈이다. 쭉 서서 인사 말씀을 들었다.

지서 주임은 나이가 스물 대여섯 되어 보이는 미남 청년이었다. 약간 수줍어하는 듯하였고, 말을 별로 잘하지 못하였다. 인상은 좋은 편이었다. 키가 크고 잘생겼으며 목소리가 아주 굵고 부드러웠다. 과단성이 좀 없어 보였다. 경찰관으로 어울리지 않는다는 인상이었다. 그런데 이 사람이 훗날 나와 결혼을 하게 되다니. 사람의 운명이란, 인연이란 참으로 이상한 것이다. 나는 상주 사람이고 그는 대구 사람인데 청리에서 만나 결혼을 하고 한평생을 함께 살게 되다니. 정말 기이한 인연이었다.

그는 나의 이상형이 아니었다. 경찰관이라는 그의 직업은 내가 무척 싫어하는 것이었다. 내 마음을 끄는 것이라곤 아무것도 없었다. 단지 사람이 진실해 보여서 약간 호감이 가는 것뿐이었다. 그런데 그 사람은 나란히 서 있는 일곱 명의 여선생 가운데 나 한 사람이 번쩍 눈에 띄면서 바로 저 사람이 나의 배필이라는 느낌을 받았다는 것이었다. 첫눈에 이미 결정을 해버렸다는 것이다. 그 날 이후로 2년 동안 그는 끊임없이 구애하고 구혼하여 왔다.

신혼시절. 어머니 얼굴에 근심이 가득하다.

경찰관의 구애를 교사가 받아들여 결혼했건만 살림은 좀처럼 피어나지 않았습니다. 아버지는 계속 벽지로 전근을 다녔고 형 동하와 나 승하, 여동생 선영이가 차례로 태어났습니다. 형은 대구에서, 나는 의성군 안계면에서, 동생은 영천에서 태어났습니다. 아버지가 김천경찰서 정보과에서 경위로 근무할 때 어머니가 용단을 내렸습니다. 김천초등학교 앞 문방구점을 인수해 문을 연 것입니다. 문방구점이 잘되자 중앙초등학교 앞에다 살림집과 가게가 아래위로 있는 내 집, 내 가게를 마련했습니다. 가게를 하다 보니 남자의 손이 필요할 때가 있는 법인데, 또 타지로 전근 명령이 내려오자 아버지는 그만 그 길로 사표를 내고 맙니다.

이후 아버지는 만년 실업자로 살아가면서 세상에 대한 환멸감과 자신에 대한 모멸감으로부터 헤어나지 못하시는 것 같았습니다. 술을 드시든 안 드시든 간에 가족에게 자신의 출세 못함, 무능함, 장사 수완 없음 등에 대한 열등감에 기초한 분노를 터뜨렸습니다. 집안 분위기는 늘 살얼음판이었고, 때로는 가재도구를 부수는 바람에 그것의 일부를 버리는 일도 발생했습니다. 대구에 계신 할머니는 장남의 불뚝성을 가라앉혀 달라고 매일 밤 장독대 앞에다 냉수를 떠다놓고 빌었습니다.

어머니는 학교 앞 가게를 해나가면서 수시로 대구에 가서 장남의 학교성적을 체크했습니다. 형은 초등학교에 입학하기 전에 한글을 스스로 깨치고 한자까지 줄줄 읽자 신동의 탄생으로 여긴 부모님은 좋은 중학교 입학을 목적으로(당시엔 중학교, 고등학교 모두 입시가 있었습니다) 초등학교 입학부터 대구에 계신 할머니 밑으로 보내 중학교 입시를 준비하게 했습니다. 형은 문제 한두 개를 더 틀려 경북중학교 입학에 실패하고 대구중학교에 갔지만 열심히 공부하여 경북고등학교에 입학했습니다.

경북고등학교 때도 공부를 뛰어나게 잘했는데 대학입시 원서를 쓸

때가 되었습니다. 형은 카뮈와 니체의 전집을 읽고 있었고 사르트르의 사상에 심취해 있었습니다. 본인은 그 영향으로 철학과를 가고 싶어했는데 성적이 잘 나온 탓(?)에 법학과를 지망하게 되었습니다. 부모님, 친척 분들, 학교 선생님들 모두 철학과 지원을 결사적으로 반대했고, 그 성적이면 법학과가 가능할 것 같다고 하자 형은 일단 지원을 했습니다. 무난히 합격했습니다.

게다가 2학년 때 사법고시 1차 시험에 합격했습니다. 1차 시험에 합격하면 2차 시험을 세 번인가 칠 수가 있었습니다. 3학년 때 다시 1차 시험을 쳐보았습니다. 2차 시험을 칠 회수를 높여두었던 것입니다. 또 합격을 했습니다. 이제 3학년 때 2차시험을 칠 수 있었고, 4학년 때도, 졸업 후에도 시험을 칠 수 있었습니다. 부모님은 고생하며 키운 장남이 빠르면 재학 중 사법고시에 합격을 할 수 있겠다는 희망에 한껏 부풀었고, 아버지의 얼굴에 간혹 웃음꽃이 피기도 했습니다.

그런데 형은 법조인에의 꿈을 3학년 즈음에 버리고 문학도의 길을 걸어가고자 단단히 결심하고 있었습니다. 이 돌발 사태를 접한 아버지는 거의 매일 이성을 잃고 광분했습니다. 두들겨 패고 싶은 큰아들은 서울에 있으니 때릴 수가 없었고, 공부는 하지 않고 소설책이나 시집 같은 잡서를 읽는 작은아들과 말대답 꼬박꼬박 하는 막내딸과 잔소리 심한 아내가 교대로 아버지의 분풀이 대상이 되었습니다.

어머니는 일제 강점기 하에 '황국신민'을 만드는 교육을 받아서 그런지, 교사 생활을 10년 넘게 해서 그런지는 모르겠지만 말을 청산유수로 잘했습니다. 평소에도 경성여자사범학교 출신이라는 자부심이 대단했습니다. 두 분이 말다툼을 하면 아버지는 어머니에게 초장에 KO패를 당했습니다. 그리고 집안의 경제권을 어머니가 쥐고 있으므로 아버지는 어머니에게 용돈을 타 써야 했습니다. 이 모든 것들이 자존심을 엄청나게 상하게 하는 일이었습니다. 게다가 아버지는 경찰관을 20년 동안이나 했었기 때문에 범죄인을 다루는 식으로 식구를 다루어 어머니가 고충이 많았습니다. 아버지는 성격이 급했고 신경질이 좀 심했습니다. 만년 실업자로 살아가면서 더욱 크게 형성된 자격지심을 어머니가 좀 다독여 드렸으면 좋았을 것을, 자상한 의논 상대가 되어주지를 못했습니다. 아버지가 수시로 불뚝성을 부리니 충돌이 잦았습니다. 어머니에게는 남편이 돈도 못 벌어 올 뿐만 아니라 자식의 양육과 교육, 시어머니 부양 등 집안의 여러 가지 문제에 대해 상의를 하고 결정을 지어야 하는데 남편이 결코 좋은 의논 상대가 아니었습니다. 많이 답답하고 서운했을 것입니다.

폭력과 광기의 나날이 이어지자 저는 고등학교를 도저히 다닐 수 없어 2개월만 다니고는 서울로 가출을 했습니다. 집을 나가면서 써놓은 장문의 편지 겉봉에 '유서'라고 썼으니, 어머니가 눈물로 세월을 보낸 것은 당연한 일이었습니다. 독서실비 한 달치를 끊고 매일 매식을 하니 훔쳐 갖고 온 돈이 열흘 만에 떨어졌습니다.

형의 하숙집에 전화를 했더니 일단 오라고 하면서 오는 방법을 가르쳐주었습니다. 형의 하숙집에서 저녁밥 한 끼를 얻어먹고 잠자리에 들었는데 꼭두새벽에 방문이 왈칵 열렸습니다. 아버지에게 멱살을 잡혀 서울역으로 끌려갔습니다. 기차에 오르니 아버지가 이렇게 외치며 신문 한 장을 품에서 꺼내 던져주었습니다.

"야 이 자식아, 네 엄마가 눈물로 세월을 보내고 있다. 편지봉투에다가 '유서'라고 써놨으니 자살한 줄 알고는 네 시체라도 찾아오라고 하도 성화를 내서 내가 신문사에 안 찾아갔더냐."

중학교 졸업앨범에서 오려낸 내 사진이 신문 하단 심인광고 난에 실려 있는 것이 아닙니까. 만 15세의 나이에 신문에 얼굴이 났으니 이를 두고 영국의 낭만파 시인 바이런처럼 '자고 나니 유명해졌다'고 해야 할지. 귀가하니 어머니는 저를 껴안고 대성통곡을 했습니다. 누이동생도 부엌에서 뭘 하다가 뛰어나오더니 "오빠야—" 하고는 눈물로 맞아주었습니다.

가출의 소득은 전무했습니다. 아버지는 줄기차게 형에게 사법고시 준비를 종용하고 있었고, 형은 문학으로 진로를 바꾸겠다고 팽팽하게 대립하고 있었습니다. 아버지의 광기가 전혀 수그러들지 않고 있음을 보고는 또다시 보따리를 쌌습니다. 다음 번 가출 장소는 부산이었습니다. 독서실에서 맹장이 너무 아파 죽는 줄 알고는 집으로 철수, 이번 가출도 실패로 돌아갔습니다. 대구 할머니 댁에 1년을, 춘천 고모님 댁에 반년 이상 가 있기도 했습니다.

어머니는 남편의 폭력과 광기에, 장남의 사법고시 포기에, 차남의 가출과 자살기도 소동에 정신을 차릴 수 없었을 것입니다. 하지만 매일 가게 문을 열고 아이 손님들을 맞았습니다.

저는 순전히 운이 좋아 고등학교를 중퇴한 그해에 대구지구와 대전지구의 고졸학력 검정고시에 전과목 합격을 했습니다. 중학교 때 고입 준비를 착실히 한 덕을 본 것 같았습니다. 몇 개월 차로 최연소 합격 자리를 빼앗겼는데 그 아이는 지방 신문에 기사가 났습니다.

저의 방황은 검정고시 합격 이후에도 계속되었습니다. 형이 만약 다시 고시공부에 전념하여 시험에 합격했더라면 아버지의 광기가 수그러들었을 것이고, 저의 방황도 끝났을 것입니다. 반대로, 날이 갈수록 아버지의 절망감이 심화되어 가고 있었으므로 저의 방황도 멈춰지지 않았습니다. 작은아들이 방황의 나날을 이어가고 있었으므로 어머니는 내심 피를 철철 흘리며 살아갔을 것입니다. 저는 1977년 입시와 1978년 입시에 응시해 계속 떨어졌습니다. 1978년 말에 중앙대학교 문예창작학과에 지원한 것은 오로지 어머니 덕분이었습니다.

"네가 처음 집 나갈 때 써놓고 간 그 편지 있지, '유서'라고 써놓은 그 편지 말이다."

"아이고, 그 편지 아직도 갖고 있어예?"

"그 편지 참 감동적으로 잘 썼더라. 네 중학교 때 국어선생님도 우리 집에 찾아와 네가 문학을 하라고 한 것도 기억나고. 내가 『진학』 잡지를 살펴봤더니 중앙대학교에 문예창작과란 데가 있더라. 형은 학문을 하겠다고 하니 너는 시나 소설같은 글을 쓰면 안 되겠니?'

저는 그 당시까지도 서라벌예술대학에 문창과라는 곳이 있다고 알고 있었습니다. 중앙대학교가 서라벌예술대를 인수·합병한 것을 까맣게 모르고 있었는데 어머니가 알아내어 그곳에 원서를 넣게끔 조언해준 것입니다. 마침 본고사가 국어와 영어 두 과목에 백일장처럼 제목을 주고 운문이나 산문을 쓰는 것을 합쳐 세 과목인지라 저는 큰 어려움 없이 합격할 수 있었습니다. 수학이 있었다면 문창과에 합격하지 못했을 것입니다.

어머니는 제가 대학에 들어가고도 불면증으로 다년간 고생하는 것을 보며 많이 안타까워했을 것입니다. 딸자식이 한평생 병원 신세를 지는 운명에 봉착하자 또 얼마나 절망했을까요.

어머니는 정확히 30년 동안 문방구점을 하셨습니다. 가장이 있음에도 당신이 가장 역할을 했으니 이중의 어려움을 겪었을 것입니다. 어머니 사후에 아버지는 어머니가 자기에게 준 편지가 있다면서 제게 보여주었습니다.

당신에게

당신에게 편지를 쓰려니 쑥스럽지만 신부님의 부탁이니 적어보려 합니다.

편지를 쓰려니 옛날 내가 서울의 미동초등학교에 근무할 당시 당신에게서 거의 매일 받았던 편지 생각이 납니다. 그때 당신은 매일같이 편지를 보내고 시도 적어 보내고 하면서 결혼해달라고 졸랐지요. 동료교사들한테서 놀림을 많이 받았던 생각이 납니다.

결혼할 처지도 못 되었고 아무런 준비도 없었던 내가 당신의 끈질긴 구애와 진실성에 마음이 움직여서 결혼을 승낙했지요. 추운 겨울 12월 27일, 방학을 이용해서 상주의 초라한 예식장에서 결혼식을 올리고 50년의 세월이 주마등처럼 흘러갔습니다.

가난했던 내가 가난한 당신과 결혼해서 고생 참 많이 했지요. 세 아이를 낳아 키우며 공부시키기에 얼마나 많은 고초를 겪었는지 되돌아보면 참으로 가슴이 아프지만 그래도 동하, 승하가 교수가 되었으니 그것으로 위안을 삼아야겠지요.

당신과 나는 성격이 맞지 않아 젊은 시절에는 많이 다투기도 했지만 부부싸움은 칼로 물 베기란 말이 있듯이 금세 풀리곤 해서 그럭저럭 살아왔지요.

돌이켜보면 당신이 내 속을 많이 아프게 했다고 할 수 있어요. 장사가 당신 취미에 맞지 않아서 문방구 할 때 가장 많이 싸운 것 같아요. 세월은 잘도 흘러가 어느새 50년이 지났군요. 3남매 서울 유학을 시킬 때 우리는 얼마나 절약하고 열심히 일했던가요. 가장 먼저 가게 문을 열고 가장 늦게 닫으며 휴일도 없이 오직 자식 뒷바라지 잘하기 위해 살아온 세월을 새삼 돌아보게 되네요.

제가 몸이 약해서 당신을 힘들게 한 점이 많았음을 압니다. 수혈받을 피를 구하려고 애썼던 나날, 귀 뒤의 상처 때문에 7년간 함께 전국 방방곡곡을 헤매 다닌 일 등 고마운 일이 새삼스럽게 회상되네요.

가끔 잘난 체, 똑똑한 체해서 당신을 화나게 했던 점 인정하지만 나도 당신의 잘못 많이 덮어주고 참아가며 살아왔다는 것 알아줘야 합니다.

이제까지 큰 탈 없이 건강하게 살아온 것 고맙게 생각하며, 앞으로 남은 날 건강 잃지 않고 잘 살다가 저세상에서 부르면 큰 고통 없이 갈 수 있기를 소망해봅니다.

2005년 금혼식 날
아내 박두연

이 편지를 쓰고 나서 채 2년이 안 되어 어머니는 췌장암 판정을 받았습니다. 입원하고 나서 딱 4개월을 사셨고, 마지막 한 달은 거의 의식불명이었습니다. 저는 『계간문예』 신인상 수필부문에 어머니의 수필을 투고해 드렸습니다. 당선되었다는 소식을 아무리 크게 외쳐도 어머니는 자신의 수필 등단 소식을 인지하지 못했습니다. 형과 제가 교대로 1인 병실을 지켰는데, 저는 집에 가서 자고 형이 간이침대에서 웅크리고 자다가 병실에 이상한 침묵이 흘러 어머니를 불러보았다고 합니다. 미동도 하지 않는 어머니. 어머니는 주무시다가 돌아가셨습니다. 76년의 생애는 그 시절을 산 대다수 여성이 그러했듯이 파란만장했습니다. 저는 어머니의 죽음을 애통해하며 이런 시를 썼습니다.

이 세상에 꽃은 많고 많지만
피어나는 꽃과 시들어가는 꽃
두 종류만 있을 뿐

이 세상에 사람은 많고 많지만
태어나는 목숨과 죽어가는 목숨
두 부류만 있을 뿐

아니
집에 있는 자와 집 떠나 있는 자
두 종류만 있을 뿐

아침이 온 것을 감사하는
밤 지새운 자들아
몸 팔고 있을 때 그대 곁에는
부처가 있지 않았는가
마음이 살인할 때 그대 곁에는
예수가 있지 않았는가

사춘기 이후에 나
어머니 곁을 떠나려고 줄곧 발버둥 쳤다
어머니 가슴에 몇 개의 대못을 박았고
임종은 지키지 못했다

그때도 나 헤매었다
죽어가고 있었을 뿐

—「내 어머니 죽어가고 있을 때」(『생애를 낭송하다』) 전문

    이 세상에는 불효자식이 참 많을 테지만 저 같은 불효자식은 없을 것입니다. 저는 물가에 내놓은 자식처럼 늘 어머니를 근심케 했습니다. 사춘기 때의 방황이야 일종의 성장통이었다고 할 수 있겠지만 성인이 되어서도 만성 불면증으로 고생하는 아들을 지켜보며 가슴을 졸

였을 것입니다. 제 어머니는 생전에 수필을 꽤 많이 썼습니다. 인터넷 수필 사이트 몇 곳에 글을 올려놓고 댓글을 읽으며 즐거워하시기에, 아마추어 솜씨가 아닌 그 글들로 등단이라는 문을 열어 드리고 싶었던 것입니다. 제 어머니의 수필을 블로그 http://blog.daum.net/poetlsh에 올려놓았으니 이 글을 읽고 혹 관심이 가는 이는 들어가서 보셔도 좋겠습니다.

어머니 돌아가신 지도 어언 10년 세월이 흘러갔습니다. 세월이 꽤 흘렀지만 힘든 삶을 살아간 어머니에게 줄곧 근심을 끼쳐드린 일이 명절이나 어버이날이 되면 더욱 뼈에 사무칩니다. 송강 정철의 시조가 오늘따라 더욱 세차게 가슴을 칩니다.

어버이 살아실 제 섬길 일란 다하여라.
지나간 후면 애닯다 어이하리.
평생에 고쳐 못할 일은 이뿐인가 하노라.

아버지의 낡은 내복

저는 지금까지 담배를 한 개비도 피워보지 않았습니다. 아버지가 청장년 시절에는 애연가였는데 아버지한테서 풍기는 담배 냄새를 싫어하다 보니 대체로 담배를 배울 나이 때에 담배를 피우지 않았고, 그것이 연장되어 지금도 여전히 담배를 피우지 않습니다. 담배를 피우는 사람 옆에서 내색은 하지 않지만 호흡이 꽉 막히는 고통을 느끼게 되었고, 그 고통은 늘 아버지에 대한 악몽 같은 몇 가지의 기억을 동반하게 마련이었습니다. 아버지에게서 풍기는 담배냄새 때문만은 아니지만, 아버지를 오래 원망하며 살았고, 그런 원망이 밤잠을 못 이루게 한 날도 적지 않았습니다. 물론 그런 날엔 대체로 시를 쓰게 됩니다. 아버지가 멀쩡하게 살아 계신데 이런 시를 쓰기도 했습니다.

몸속에 남아 있는
마지막 힘을 모아
눈을 뜨신 아버지
가족 한 번 쳐다보고
천장 한 번 쳐다보고
눈을 감았다가 금방
다시 뜨신다
이 세상 이 순간 이렇게
뜨기는 싫으신 듯

이대로 그냥 눈을 감으면
영원한 암흑,
죽음의 세계일 테니
한 번만 더 눈을 뜨자
한 번만, 한 번만 더
한 번만 더 사물을 보자고
자, 한 번만 더 눈을 뜨자고
아버지는 안간힘을 다하고 계신 거다
삶의 마지막 암벽에
지금 매달려 계신 거다

오르고 미끄러지기를

갔다가 되돌아오기를

예닐곱 번

마지막 기운마저 빠지자

눈을 크게 떴다가

감으신 아버지

두 줄기 눈물을

주르르 흘리신 뒤

숨을 멈추셨다

그 몇 방울의 눈물로 나는

아버지의 자식이 된다.

─「아버지의 임종을 지키다」(『뼈아픈 별을 찾아서』) 전문

    이 시를 쓴 후 꾸지람을 많이 들었습니다. 지인들, 특히 문단의 몇몇 선배분이 부고를 듣지 못한 탓에 조문을 못해 미안하다고 말을 해왔을 때, 실재상황이 아니라고 완벽한 허구라고 말하면 멀쩡한 아버지를 두고 어찌 죽음을 이야기할 수 있느냐고 꾸지람을 하는 것이었습니다. 어떤 분은 '부친의 임종'을 갖고 어찌 장난을 칠 수 있냐고 제가 없는 자리에서 저를 비난하기도 했다고 합니다. 대부분의 사람들은 동방예의지국에서는 하지 말아야 할 말을 한 것이라고 제게 은근

히 알려주었습니다.

아버지는, 호적에는 1928년생으로 되어 있지만 제가 알기로 27년생입니다. 아버지는 중앙대병원과 요양병원을 오가다 생의 마지막 두 달 동안 입원해 계셨지만 한평생 입원 한 번 하지 않았고 천수를 누리다 돌아가셨습니다. 아버지의 병명이었기에 '림프종'이란 것이 있음을 알았습니다. 아버지는 항암치료를 받던 중 폐렴이 갑자기 합병증으로 와서 실은 급성폐렴으로 돌아가셨습니다.

위의 시를 쓴 것은 2000년이었던 걸로 기억합니다. 아버지는 2011년 4월 16일 0시 10분에 돌아가셨으니 11년 뒤에 일어날 일을 상상해서 쓴 것인데 실재로는 가족 중 누구도 임종을 지키지 못했습니다. 의식불명인 채 병원 중환자실에 누워 계시다가 주변에 아무도 없는 상태에서 숨이 끊어졌습니다.

아버지는 삶 자체를 버거워했던 것 같습니다. 집에 누나와 여동생은 모두 다섯인데 아들은 아버지 한 명이었으니 장남의 무거운 짐을 지고 있었습니다. 제 할아버지는 리어카로 시골에서 채소를 떼어다 도시인 대구에서 파는 장사치이기도 했고 역전 지게꾼이기도 했었지만 인천이씨仁川李氏라는 자존심이 있었던 모양입니다. 고려 말에 난을 일으켰다 몰락한 이자겸의 후손이 무어 그리 대단한 양반인지는 모르겠지만 아버지는 "우리 조상 중에 이인로도 있었고"라고 종종 말씀하셨는데 할아버지가 그렇게 입에 달고 사셨던 모양입니다. 저는

대구중학교 5학년 때

가문 자랑, 집안 자랑을 하는 사람들 앞에서는 침묵을 지킵니다.

　술독에 빠져 살던 할아버지는 유일한 사내자식을 소학교에 보낼 돈이 없었습니다. 보다 못한 작은할아버지가 아버지를 대구 근처에 있는 시골마을인 무태로 데려가 학교에 보냈습니다. 남들보다 두세 해 늦게 다니게 된 초등학교였지만 집안을 일으키겠다는 생각에 아버지는 공부를 열심히 했던 모양입니다. 대구중학교에 들어가서는 학생회장인지 학도호국단장인지를 했습니다. 키가 큰 미남자인 아버지는 통솔력이 있었습니다. 당연히 대학에 가고 싶어 했고, 경북대학교 입학시험에 합격도 했습니다.

그런데 어느 날 작은할아버지가 자기 아들나의 숙부과 조카내 아버지를 불러다놓고 이렇게 말씀하셨다고 합니다.

"농사를 짓고 사는 내 형편에 둘을 다 대학에 보낼 수는 없다. 재권아, 너라면 아들하고 조카가 대학에 가게 되었는데 등록금을 한 사람 몫밖에 마련하지 못했다면 누구한테 주겠느냐? 너무 서운하게 생각하지 말아라."

아버지는 중학교 5년 동안 열차에서 좌판 행상을 하며 고학을 했다고 합니다. 작은할아버지가 학비는 대주었지만 거기까지였습니다. 먹여주고 재워주기까지 한 자신의 작은아버지에게 제 아버지는 중학교 시절 5년 동안 학용품 살 돈을 달라고는 할 수 없었다고 합니다. 그래서 고학을 했던 것입니다. 문제는 대학 등록금이었습니다. 대학에 합격을 하고도 못 가게 된 그날, 뒷동산에 올라가 하염없이 우셨다고 합니다.

한국전쟁이 일어났습니다. 5년제 중학교 졸업도 그 당시에는 좋은 학력이었습니다. 대학 재학생으로 속여서 훈련소 교관으로 차출되었습니다. 훈련소 교관이기에 전쟁터로 끌려가지 않게 되어 목숨을 부지할 수 있었습니다. 아버지는 군대에서 구직문제를 해결할 길을 찾았습니다. 경찰전문학교에 들어갔습니다. 아버지는 공비토벌부대가

경찰관 정복을 입은 아버지

아니라 후방치안부대에 들어가 있었는데 몇몇 동기는 죽기도 했다고 합니다. 전쟁이 끝나고 아버지는 20년 가까이 경찰관을 했습니다.

그런데 50~60년대의 경찰관은 식구들 밥만 굶기지 않을 뿐, 자식 학비도 못 댈 정도로 얄팍한 월급봉투를 받았다고 합니다. 봉급 대신에 쌀자루가 나오기도 했다고 합니다. 게다가 전근을 계속 다녀 초등학교 교사인 어머니와는 이산가족이 되곤 했습니다. 어머니가 보다 못해 초등학교 내 매점을 인수해 장사를 시작했고, 몇 년 해본 후 다른 학교 앞에다 아예 문방구점을 냈습니다.

어머니가 장사를 본격적으로 하자 아버지는 장사를 같이할 요량으로 1969년에 사직서를 냈지만 실제로는 만년실업자가 된 셈이었습니다. 게다가 장사일이 성격에 맞지 않아 바깥으로 돌면서 집에 와 있을 때는 늘 화를 냈습니다. 인생이 뜻대로 풀리지 않아 결국 문방구점에서 짐 나르는 점원이 된 자신의 신세가 저주스러웠던 것이고, 화풀이할 대상은 아내와 작은아들, 막내딸이었습니다.

제가 아버지를 마음속 깊이 원망하게 된 결정적인 일이 몇 번 일어납니다. 초등학교 시절, 제가 사는 집과 문방구점은 아래 위층으로 붙어 있었습니다. 학교 근처여서 같은 반 아이들도 종종 우리 가게에 학용품을 사러 왔습니다. 어느 날 오후, 아버지는 무진장 화를 내며 가게의 물건을 거리에 패대기치고 있었습니다. 십중팔구 어머니가 말대꾸를 하여 아버지의 분노를 폭발시켰던 것이겠지요. 지하실 살림집에서도 들려오는 아버지의 고함소리에 놀라 계단을 뛰어올라와 보니 동네사람들이 모여서 아버지의 광기에 찬 행위를 구경하고 있었습니다. 구경꾼 속에는 겁에 질린 눈빛을 한 소녀가 한 명 있었는데 마침 제가 은근히 좋아하고 있던 같은 반 여학생이었습니다. 제가 자살을 막연하게나마 결심했던 것은 그날부터가 아니었을까요.

아버지는 심정적인 친일파였습니다. 일본과의 외교 마찰이 언론에 보도되면 어머니는 매번 "지독한 놈들!" 하면서 분노했었고 아버지는 어머니의 분노를 대놓고 반박했습니다. 일제 강점기의 군국주의식 교육이 한 사람에게는 반일감정을 갖게 했고 다른 한 사람에게는 친일감정을 갖게 했습니다.

아버지는 중학교 시절, 대구교도소에서 사환 일을 했는데 그 당시 만났던 여러 일본인 교도관들을 줄곧 존경하고 있었고, 그 무렵 자신을 가르친 일본인 교사 한 분을 진심으로 마음 깊이 존경하고 있었습니다. 그 교사의 이름을 말하며 이렇게 들려주곤 했습니다.

"'소년이여, 야망을 가져라!'라는 클라크 박사의 말을 칠판에 일본어로 쓰고 그분은 말씀하셨다. 너희들! 꿈을 갖고 살지 않으면 죽은 목숨인 거나 마찬가지라고. 해방 후로도 연락을 드리며 살았는데 언제부턴가 연락을 못 드렸다. 지금까지 살아 계실까. 살아 계시면 꼭 일본에 가서 인사를 드려야 하는데."

저는 일본이 임나일본부설을 들고 나오고, 그것을 교과서에다 싣고, 또 독도를 자기네 영토라고 주장하면서 세계 곳곳에서 외교 활동을 펴자 기가 막혀 「방명록」이라는 소설을 썼습니다. 이 소설에는 제 아버지와 흡사한 주장을 하는 인물이 나옵니다.

아버지가 빈 술잔을 내게 내밀었다. 잔을 채워주어 마신 뒤에 채워서 내밀었더니 손을 내저었다.

"일본인 교도관들은 내가 고학을 한다고 용기를 주려고 그랬겠지. 조선인인 어린 나한테 존댓말까지 하는 사람도 있었고, 수학이며 국사, 그땐 국어가 일본어고 국사가 일본사인데……. 공부를 가르쳐준 사람도 있었다. 그들만이 아냐. 학교 선생님들을 포함해서 내가 직접 접해본 일본인들은 하나같이 강직하고, 경우 바르고, 교양이 있는 사람들이었다. 끊임없이 절차탁마 자기 개발을 하는 분들이었고, 철저한 애국자들이었다. 조선인들, 내 동족 중에 나한테 격려의 말을 해준 사람은 하나도 없었다. 친일파 자식이라고 손가락질이나 했지. 교도관이라면 무식한 놈들이라 생각하기 십상이지. 천만에, 정말 학식도 높고 절도 있는 생활들을 해 내가 감탄을 했었다."

아버지가 물을 마신 뒤 다시 소주잔을 잡기에 얼른 술을 따랐다.

"천황의 무조건 항복 방송이 나왔을 때 조선에 와 있던 일본인들이 얼마나 많이 자결한 줄 아니? 부부 동반으로 자결한 경우도 여럿 있었지. 여자들까지도 배를 그었으니 대단한 놈들이야. 그들은 우리 조선을 당파싸움하다 망한 나라라고 줄기차게 가르쳤는데, 내가 보기에 이 말은 하나 틀린 것 없는 사실이다. 이조 시대 때는 물론이고 해방 후에도 남과 북으로, 남도 사분오열, 서로 얼마나 잔인하게 물고 뜯으며 살아오고 있느냐."

아버지는 자신의 체험에서 우러난, 일본인들에 대한 존경심을 숨기지 않았다. 그와 함께, 동족을 비난하는 일에도 한 순간의 망설임이 없었다.

어머니는 태평양전쟁 말기에 경성여자사범학교라는 데를 다녔는데 공부는 제대로 하지 않고 허구한 날 밭일과 소방훈련, 간호훈련을 했다고 합니다. 가르침을 준 학교 선생님들을 인정사정 봐주지 않는 엄격하고 모진 인물로 기억하고 있었습니다. 두 분의 다른 일본관은 부부싸움의 원인이기도 했습니다. 저는 말대답만 늦게 해도 주변에 있는 물건을 면상을 향해 집어던지는 아버지의 친일 발언이 너무 미웠고 그런 말을 하는 아버지가 미웠습니다.

저는 지금껏 아버지를 등장시킨 시를 열 편 이상 썼습니다. 첫 시집에 실려 있는 「동화」라는 시에서 아내와 자식을 수시로 두들겨 패는 폭력가장으로 등장하는 아버지는 『욥의 슬픔을 아시나요』에 이르러서는 거듭된 폭력으로 딸을 정신이상자로 만듭니다. 『폭력과 광기의 나날』에서는 자기 어머니 앞에서도 밥상을 엎어버리는 패륜아로 등장합니다. 『뼈아픈 별을 찾아서』에서는 「아버지한테 면회 가다」 등, 제목에 '아버지'가 들어가는 시를 다섯 편 게재함으로써 아예 아버지 인물론을 폈습니다. 이 시집에서 아버지는 알코올중독자가 되어 수용시설에 갇혀 있고, 전신 마비의 상태로 병상에 누워 있어 저는 똥오줌을 받아냅니다. 아버지는 결국 뇌사 상태의 식물인간이 되고, 식솔들 보는 앞에서 숨을 거둡니다. 이 다섯 편의 시는 완벽한 허구의 산물이었습니다.

시집 『뼈아픈 별을 찾아서』의 머리말에 "이 시집을 아버지에게 바칩니다"라고 써 김천 고향집으로 보내드렸습니다. 아버지는 종내 아무 말씀이 없었습니다.

어머니가 가게를 하는 그 긴 세월 동안 집안에 웃음꽃이 핀 날이 있었던가? 저녁에 식구가 식탁에 모여앉아 정담을 나누며 밥을 먹은 적이 있었던가? 온 가족이 외식을 한 적이 한 번이라도 있었던가? 그런 날이 있기는 있었을 테지만 기억은 나지 않습니다. 자포자기의 상태로, 가족을 학대하는 것으로 자신을 학대하는 것이 아버지가 당신의 목숨을 유지한 유일한 방법이 아니었는지 모르겠습니다.

형이 사법고시에 합격하고 법조인의 길을 걸어갔더라면 아버지의 인생 후반기도 '폭력과 광기의 나날'이 되지는 않았을 것입니다. 하지만 경찰관 20년 동안 누적된 바람과 회한을 일거에 풀어줄 줄 알았던 장남의 배반(?)은 아버지의 삶을 일그러뜨리고 말았습니다. 그런 아버지를 저는 원망만 하고 있을 수 없어서 1989년 신춘문예 소설 당선작부터 근 10년 동안 한 해에 꼭 한 편씩의 소설을 썼습니다. 무조건 아버지가 나오는 소설이었습니다. 소설집과 시집 『뼈아픈 별을 찾아서』는 아버지를 향한 제 나름의 눈물겨운 이해의 제스처였습니다.

머리카락이 희끗희끗해지고 정수리 머리카락이 빠지기 시작한 제

모습이 아버지의 모습과 흡사해지고 있다고 느낀 것은 제가 결혼을 하고 아이를 낳아 키우면서부터일 것입니다. 시집 『생명에서 물건으로』에는 '아버지—아들에게'라는 제목의 시가 나옵니다. 아버지로서 아들에게 주는 시입니다.

이사장 살해범은 '교수 장남' …… 재산 상속 몫에 불만을 품고 …… 태연한 …… 야누스와도 같은 …… 한국판 지킬 박사와 하이드 …… 패륜 교수 …… 심한 종교 갈등 …… 추리소설과 해부학 책을 보며 …… 알리바이를 조작 …… 치밀한 …… 잔혹한 …… 엄격한 가정교육 부친에 주눅 ……

아들아, 내 소원 중 한 가지는
너를 내 옆에 세워두고
내 아버지의 임종을 지켜보는
내 모습을 너에게 보여주는 것이다

오이디푸스 콤플렉스가 아니더라도 말이다
살부殺父의 충동으로 괴로워해보지 않은 자는
아버지 될 자격이 없다고
내 너에게 말해줄 수 있다

온갖 억압으로 주눅 든
너도 나와 똑같은 괴로움으로
집을 뛰쳐나가 신문에 얼굴이 나고
극약을 먹고 한동안 실명해 있을 테냐?

강남 김성복 씨(41 · S대 경제학과 조교수) …… 김 씨의 부인은 미국 테네시 주에 1남 1녀와 함께 살고 있으며 ……

그렇더라도 아버지라면
훗날 아버지가 될 생각이라면
연민해야 한다 많은 아들이 그의 아버지
얼굴에 피어나는 검버섯과
바윗돌 같은 권위의식까지를 연민했듯이

너 역시 그 언젠가
아들의 품에 안겨 숨 거둘지 모를
한 목숨이 아니냐

한때 언론사마다 대서특필했던 대학교수의 부친 살해 사건을 다룬 시입니다. 아들이면 다 오이디푸스 콤플렉스가 있는 것인지, 부친 살해의 욕망에 시달릴 수 있는 것인지, 감히 그것을 실행할 수 있는 것인지……. 하지만 이런 식의 존속살해 혹은 비속살해 사건이 종종 언론에 보도되고 있습니다. 감히 말하건대, 저는 이 시를 씀으로써 아버지를 용서할 수 있었습니다. 일흔이 다 된 아버지를 증오하는 것에도 지쳤다고 할까, 이 시를 기점으로 조금씩 연민의 정을 갖고 아버지를 바라보게 되었습니다. 병상의 아버지는 그야말로 노인네였습니다. 의식이 있던 한 달 반 동안 저는 아버지와 그 어느 때보다 많은 시간을 함께 보냈고, 가장 많은 대화를 나누었습니다. 침상 옆 간이침대에 형과 하루씩 교대로 자면서 기동을 못하는 아버지의 수발을 들어드렸습니다.

  2인 병실에서였습니다. 하루는 무슨 억하심정이 들었던 걸까요, 왜 아버지는 처자식한테 한평생 그렇게 몰인정하게 굴었냐고 볼멘소리로 항의했습니다. 왜 아버지는 어머니 돌아가신 뒤부터 식품업체를 통해 국과 반찬 및 각종 건강식품과 간식거리를 4년 동안 보내드린 작은머느리한테 고맙다는 말 한마디 하지 않고 있냐고 따져 물었습니다. 왜 당신 딸이 성인이 된 이후 지금까지 병원에서 생을 보내고 있는지, 그 이유를 알고 있냐고 흐느껴 울면서 여쭤보았습니다. 아버지는 한참 동안 침묵하다가 기어들어가는 목소리로 이렇게 말씀하셨습니다.

  "말하지 않아도 내 마음을 네가 알 거라 생각했었다, 나는 어릴 때부터 누구한테서도 사랑을 받아보지 못했다. 그래서 사랑을 베풀 줄을 몰랐던 것이다."

맞는 말씀이었습니다. 사랑의 실천. 이것은 말로는 쉬운 것 같지만 시행하기는 참으로 어려운 것입니다. 아버지가 이 세상에서 제일 불쌍한 사람으로 여겨진 것은 어머니가 돌아가신 뒤부터였습니다. 걸핏하면 불호령을 내리고 물건을 집어던지는 행위로 가부장의 위엄을 보이려고 한 아버지는, 하루아침에 날개 꺾인 새가 되고 만 것이었습니다.

어머니 장례식 치르고 돌아온 날

한평생 손수 밥 한 끼 차려본 적 없는 아버지에게
전기밥솥 사용법을 가르쳐드린다
―아버지, 쌀을 이렇게 씻어서
　물 요만큼만 넣고 뚜껑 닫고
　이걸 누르시면 됩니다
　시간이 되면 밥 다 되었다고
　알람이 알려줍니다
　밥을 퍼 드시면 되요
집에 들어오니 벽에 걸린 어머니 옷에서

체취가 풍겨온다

한평생 손수 옷 한 번 빨아 입어본 적 없는 아버지에게
전기세탁기 사용법을 가르쳐드린다
―아버지, 옷을 이렇게 넣어서
　가루비누 요만큼만 넣고 뚜껑을 닫고
　이걸 누르시면 됩니다
　시간이 되면 빨래 다 되었다고
　알람이 알려줍니다
　빨래를 꺼내 널면 되요

―자주 내려올게요 아버지

어머니가 안 계신 집에서
울 아버지 홀로 살아가게 되었다
아니, 전기밥솥, 전기세탁기, 진공청소기, 냉장고, 텔레비전
칭얼거리는 가전제품들을 돌보며
더불어 살아가게 되었다
　　　　　　　　　　　―「가전제품은 모두 소리를 낸다」 전문

모두 실화입니다. 아버지는 시집 안 간 딸자식이 해주는 밥을 먹게 된 것이 아니라 잠시 퇴원해 있는 딸에게 밥을 해 먹이는 처지가 되고 만 것입니다. 국과 반찬은 식품업체에 돈을 부치면 택배로 배달을 해주었고, 진공 포장된 국과 반찬을 데우기만 하면 되었습니다. 하지만 밥을 하는 것은 아버지가 해야 될 일이었습니다.
　그토록 건강하던 아버지에게 병마가 찾아왔습니다. 림프종 암이었습니다. 병원과 요양병원을 두 달여 오갔습니다. 완전히 입원한 기간은 두 달이었습니다. 병상의 아버지가 얄미울 때도 있었습니다. 아버지는 친구한테서 휴대폰으로 전화가 오면 큰소리를 쳤습니다.
　"우리는 육이오 때 사선을 넘은 역전의 용사 아이가. 이까짓 병 못 이길 게 뭐 있노."
　"짜식, 문병 안 오나. 니 출세해서 서울서 살면 다가."
　앞서도 말씀드렸지만 아버지는 한국전쟁 때 훈련소 교관을 했었고, 전쟁 중에 경찰에 투신하여 20년 가까운 세월 동안 경찰관을 했습니다. 경위가 된 이후 아무리 기다려도 승진이 안 되자 무작정 사표를 냈습니다. 근무 성적이 누구보다 좋았음에도 잦은 전근에, 벽지 근무에, 박봉에……. 정기 승진 시점에 '돈 있고 빽 있는' 다른 이가 승진을 하거나 도회지로 발령을 받으면 울분을 참기 어려웠을 것입니다. 경찰전문학교 출신 친구 중에는 돈도 있고 빽도 있어 고속 승진을 하는 이도 있었다고 합니다.

술에 취하면 아버지는
"줄 잘못 서 내 인생 요 모양 요 꼴이 됐다."
소리치곤 했다
이승만 정권 때 이승만 줄에 서지 못했고
박정희 정권 때 박정희 줄에 서지 못했고
전두환 정권 때 전두환 줄에 서지 못했다
아버지 인생은 늘 줄 끊어진 가오리연이었다

어느 인생인들 외줄타기가 아니랴
노름빚에 줄줄 새는 가계
딸 때가 있기는 있었을까
잃어도 따도 술에 취해 들어온 아버지는
학용품 한 번 사준 적이 없었다

밤의 병실에서 아버지는
페톨 헤파티쿠스
똥냄새보다 지독한 악취를 풍기며 드러누워 있다
시체 썩는 냄새가 이 냄새보다 지독하랴

벽시계 초침소리가 귀청 때리는 밤의 병실

이렇게 많은 줄 중에서
한 개의 줄만 떼어놓고 기다리면
아버지와 나 사이의 줄
끊으려야 끊을 수 없는 줄을
끊을 수 있을 텐데

부자간 인연을 가능케 한 이 부자지를
끊을 수 없나
냄새 빠져나가지 않는 병실에서
아버지 잠시 코 골고 있다 꿈을 꾸시나?
아, 한 개의 줄만 떼어놓고 있으면

날이 새면 아버지를 모로 뉘고
또 관장을 시도해보자
항문에 줄(직장튜브)을 쭈욱 밀어넣으면
걸쭉한 관장액이 긴 줄을 따라
대장 속으로 천천히 밀려들어갈 테지

―「줄」(『생애를 낭송하다』) 전문

아버지는 생전에 도박을 해본 적이 없으신데 이 시에서는 노름을 좋아한 이로 그랬습니다. 이 또한 불효일 것입니다. 어떻든 저 또한 대체로 이런 몰골로 임종을 맞이할 것입니다. 부모님이 암으로 돌아가셨으니 저도 십중팔구 암으로 죽을 것이라고 생각합니다. 간도 안 좋은데 간혹 마십니다.

아버지는 큰아들 때문에 행복하였고 또한 불행했을까요? 형을 정말 좋아하면서도 어려워했습니다. 형이 집에 있으면 아버지는 고함도 잘 치지 않았습니다. 물론 술에 취해 들어오지도 않았습니다. 형이 방학 때 김천에 일주일만 있어도 대구로 보냈습니다. 동생들하고 그렇게 놀고 있으면 공부는 언제 하느냐는 것이었습니다.

간혹 술에 취해 들어오면 '공수래공수거!'를 계속 부르짖었습니다. 이래저래 한이 많아서 임종 시 눈을 제대로 감을 수 없었을 것입니다. 면회 가서 동생에게 아버지 부고를 전하자 딱 한마디 했습니다. "아버지 불쌍하다." 아버지를 여읜 이후에 시를 여러 편 썼습니다. 아래는 그 가운데 한 편입니다.

    화장터 불길 속으로 사라진 아버지

    불태울 유품과 남길 유품을 고른다
    사진첩은 태우고 돋보기는 간직한다

장롱 서랍을 여니 와락 덮치는 아버지 냄새
노인네 속옷을 누구에게 주나 다 태워버리자
걸인에게 줘도 안 입을 낡은 팬티와 낡은 러닝
아 이렇게 구멍이 날 때까지 입으셨구나

장롱 구석에 보자기로 싼 것은
낡디낡은 내복 한 벌
첫 월급으로 사드린 겨울내복 한 벌
지금까지도 간직하고 계셨다니

평생을 두고 내가 미워했던 아버지
이 내복 도대체 몇 날을 입으셨나

태울 수 없어 아버지를 부둥켜안는다

—「아버지의 낡은 내복」(『생애를 낭송하다』) 전문

아버지는 자신의 나약함을 부정하고 싶었을 것입니다. 현실의 불가항력을 거부하고 싶었을 것입니다. 아버지의 생이 실패로 점철되지 않았더라면, 형이 아버지의 한을 풀어드렸더라면 결코 폭력과 광기의 나날을 보내지 않았을 것입니다. 제 인생의 두 가지 화두, 폭력과 광기. 저는 1993년에 시집 『폭력과 광기의 나날』을 냈습니다. 아버지가 환하게 웃는 모습을 오늘 참말로 보고 싶습니다.

지상의 아픔을 이겨내는 천상의 노래
― 김금희 시집 『시절詩節을 털다』를 읽고

　시의 역사를 헤아려봅니다. 동양에서는 『시경』으로부터 시작되었다고 합니다. '책'이란 것이 귀했던 시절, 공자는 민중 교화에 도움이 되는 읽을거리를 만들고 싶었습니다. 명절이라 귀향길에 오르는 제자들에게 당부했습니다.
　"고향의 고로古老를 만나면 민요를 들려달라고 하고 그 가사를 채록해 오게."
　이렇게 해서 기원전 470년경에 3천 몇 백 편의 민요가 채집되었고 이 가운데 305수가 시집으로 묶였습니다. 서주西周 초기기원전 11세기부터 춘추시대 중기기원전 6세기까지 500년 동안 전승된 노랫말을 모은 책에서 시가 출발했습니다. 지방의 풍습이나 사람들의 생활 감정을 노래한 '풍'風은 160수에 달합니다. 남녀 간의 애틋한 정과 이별의 아픔 등이 아주 원초적인 목청으로 소박하게 그려져 있는 연애시가 가장 많은 편수를 차지하고 있습니다. '아'雅는 궁궐에서 연주되는 곡조에 붙인 가사로 당연히 귀족풍을 띠고 있는데, 조상의 공덕을 노래하는 서사적인 시 105편을 말합니다. '송'頌은 종묘의 제사에 쓰이던 제문 비슷한 악가樂歌로 총 40편입니다. 그런데 뜻밖에도『시경』에는 정치상황을 비판하는 현실참여시가 적지 않게 나옵니다.

제자들은 스승의 명을 받들어『시경』을 열심히 필사하였고, 이 필사본 시집은 널리널리 퍼져 나갔습니다. 세월이 좀 흐른 뒤에『논어』를 쓰면서 공자는 "詩三百一言以蔽之曰思無邪"라고 썼습니다. 즉, 시 300수를 읽고 읽고 또 읽으면 한마디로 말해 생각함에 삿됨이 없어진다는 뜻입니다. 삿됨, 사특함, 나쁜 생각 같은 것이 사라진다는 뜻입니다. 이것이 동양 최초의 시론입니다.

김금희 시인의 시집 원고를 읽으면서 "思無邪"를 떠올린 이유가 있습니다. 영혼이 정화精華된다고 할까요, 언어가 정화淨化되는 신선함을 감지했다고 할까요, 사악해지려는 마음속으로 부끄러움이 몰려오면서 어떤 슬픔 뒤에 카타르시스를 느꼈다고나 할까요. 그리고 김금희 시인의 시에는 '風'과 '雅'와 '頌'의 요소가 다 들어 있습니다. 소재적인 측면과 주제적인 측면, 또한 표현의 측면에서 살펴보아도 그렇습니다. 일단, 시집의 첫머리에 실린 시에 주목하지 않을 수 없습니다.

봄 춘春자가 아득히 싹 틔운다는 기별을 받았지요

춘란春蘭이 훈훈해진 베란다 부추김에

빠끔히 창밖으로 기울기하고요

겨우내 유리창에 겨우살이한 성에처럼 부연 창은 또 어떻구요

내리쬐는 이른 볕에 나른해진 개나리

제멋대로 휘어 감긴 틈새

꽃 따 먹었다인지 꽃 다 먹었다인지

참새들 들락날락 짹짹거리는

엉거주춤 햇살 사이 그녀

비쩍 마른 몸에 제 키만큼 키운 긴 머리칼

양 갈래로 다소곳이 묶어서는

의류수거함 뚜껑 열어젖히고

민들레 진달래 꽃 사과

들로 산으로 봄 마중 꺼내 들고 있네요

그녀와 봄

어떤 기호와 기호 사이일까요

―「어떤 기호와 기호 사이」 전문

언뜻 보면 참으로 평이한 봄노래입니다. 이 시의 '그녀'는 봄맞이에 부산합니다. 그녀는 "비쩍 마른 몸에 제 키만큼 키운 긴 머리칼"

을 "양 갈래로 다소곳이 묶어서는" 무엇을 하고 있는 것인가요. 의류 수거함 뚜껑을 열어젖히고 봄옷을 찾고 있는 그녀는 민들레, 진달래, 꽃, 사과를 찾아냅니다. 행동거지로 보아서 걸인 같습니다. 그녀는 "들로 산으로 봄 마중 꺼내 들고" 즐거워하고 있습니다. 봄옷을 찾아서 입고는 스스로 봄이 된 그녀인 것입니다. 이 시는 밝은 내일을 암시하고 있다는 점에서 희망의 노래입니다. 그러나 그 다음 시는 다른 종류의 봄노래입니다.

전남 구례군 산동면에 가면 매천사(梅泉祠)가 있습니다. 매천사는 한일 강제합병을 비관하여 절명시를 남기고 음독자살한 우국지사 매천 황현 선생의 위패를 모신 사당입니다.

산동, 산동 외다보면 떠오른 이름 하나
매천 선생 걸음 따라 걷게 되는데,
어디선가 선생의 큰기침 금방이라도 들릴 것 같아
이리저리 고개 돌려 찾아봅니다
산동처녀 머리에 노랗게 핀 산수유
먹먹한 그리움 쩔렁쩔렁 울리고 있네요
바다 건너 저 멀리 그리운 이 귓가에 머물까
노란 꽃가루 날려 보내주네요
보릿고개 넘어 산수유 따다가

이팝에 배 채우라

가난한 백성들 걱정하던 매천 선생 도포자락

아스라이 꽃가루 되어 넘어가네요

노란 우체국 노란 우체통에

산수유 그리움 넣고 가는 날

온 들판에 노란 안녕이 자지러지네요

―「산수유 마을에서」 후반부

    시인은 어느 봄날, 산동에 가보았나 봅니다. 그 마을 처녀의 머리에 산수유가 꽂혀 있었던 것일까요. 노란 산수유로 뒤덮인 산동의 마을에서 숙연한 마음을 갖게 된 이유가 있습니다. 그곳에 매천사가 있었기 때문입니다. 산수유 마을의 봄 풍경에 취한 것이 아닙니다. 시인은 "가난한 백성들 걱정하던 매천 선생 도포자락"이 "아스라이 꽃가루 되어 넘어가"는 것을 환시합니다. 보릿고개의 기근 무렵에는 산수유 열매도 여물지 않습니다. 배곯으며 보릿고개를 넘어야만 흰쌀밥과 익은 열매라는 희망을 수확할 수 있습니다. 가난만 문제였던가요. 우리 근대사는 기실, 일본의 식민지 지배로 피로 얼룩져 있었습니다. 시인은 매천을 추모하고 돌아온 뒤에는 한국 현대사를 생각할 기회도 갖습니다.

제 몸의 뼈처럼 물처럼
　　동네 구석구석 알던 철물점 세탁소
　　어디로 갔을까 아까운 사람들
　　낯선 안부에 골몰하다
　　덤프트럭 그악스럽게 지나간 자리마다
　　잘려나간 가로수
　　눈앞 공기가 헛헛하다

　　사람이 집 짓던 때
　　대목장은 깊게 절하고 나무를 베었다는데
　　집에게 사람이 읍소하는 지금
　　어디에다 마음 다해 절을 해야 하는가

　　　　　　　　　　　　　　—「나무」전반부

　제 몸속에 들어 있는 것과 다름없이 소중했던 사람들과 상점들이 사라져버린 동네에서 다시 볼 수 없는 것은 이들만이 아닙니다. 가로수마저 베어지는 동네 풍경이 살벌하게 펼쳐집니다. 사람이 들어가 살 집에 소요될 나무를 베면서 큰 절을 올렸던 옛날과 달리 지금은 큰 집을 지어놓고 집의 기세에 짓눌려 사는 인간의 왜소함을 시인은 개탄합니다. 시를 여기까지 읽을 때는 잘려나간 가로수를 보고 왜 "동네

구석구석 알던 철물점 세탁소/ 어디로 갔을까 아까운 사람들"을 연상한 것인지, 궁금증이 해소되지 않는 것이었습니다. 그런데 시의 후반부를 보면 잘려나간 가로수가 상징하는 것이 민주주의를 갈망하는 시민 혹은 서민들임을 알 수 있습니다. 그것도 억울하게 잡혀가 고문 끝에 사라져간.

    고문기술자처럼 세련된 전기톱
    고급스럽게 토막 난 무참한 생들
    절단된 제 몸뚱이 바라보는 젊은 외마디
    내지르지 못한 오랜 먹먹함
    날카롭게 묻혀버린
    해제되지 못한, 봉인된 아비규환

    무균성 좋아함이 이런 것이냐
    나는 무엇엔가 홀린 듯 떠나지 못하고
    나무 있던 자리 꾹꾹 눌러준다
    지날 때마다 가슴에 손 얹고
    대목장 대신 깊게 허리만 숙일 뿐
    '용서'란 말 쉽게 나오지 않는다

                                —「나무」 후반부

관청에서는 서울시내 가로수들에 대해 1년에 한 번, 새봄맞이 가지치기를 합니다. 가지치기를 한 가로수의 모습은 비참하기 이를 데 없습니다. 사지가 잘려 나가 몸통만 남은 기형적인 모습입니다. 전기톱을 보고 시인은 고문기술자를 연상합니다. 그에 의해 "토막 난 무참한 생들" 중에는 박종철 군이 있었습니다. "날카롭게 묻혀버린/ 해제되지 못한, 봉인된 아비규환"의 나날이 있었건만 고문기술자 중, 또 그들을 움직인 위정자 중 사과를 한 사람은 아무도 없었습니다. 시의 마지막 문장이 의미심장합니다. 시치미를 떼고 있는 그들인지라, 아무리 세월이 흘러갔다고 한들 '용서'가 되지 않는 것입니다.

> 그런 눈물을 평생 보지 못했다
> 눈물을 심고 살던 사람들,
> 눈물을 삼키던 사람들
> 다 토해낸 눈물 폭포수처럼 흘러
> 아우성 쳐도 흔들림 없던 깃발
> 깃발이 펄럭일 때마다 퍼지는
> 강력한 파열음에 전율했던 앳된 이무기
> 빗물처럼 쏟아지던 그 눈물 다 어디로 갔을까
> 승천한 용을 보신 적 있나요
> 용을 꿈꾸던 그들은 다 어디로 갔을까요

어디서 여의주의 행방을 쫓고 있을까요
얼어붙은 용산의 바람
직선을 꿈꾸는
팽팽한 플래카드 관통하는,
눈물 어린 땅
이무기들만이 남아
그들의 언어에 온기를 더하는
그해 겨울―
넘기지 않은 천일의 이야기
끝없이 이어지는

―「이후」 전문

'용산 참사'의 비극을 다루고 있습니다. 사망자가 있었고 부상자가 있었습니다. 가해자가 있었고 피해자가 있었습니다. 공권력이 있었고 희생자가 있었습니다. 이 "눈물 어린 땅"에서 이런 끔찍한 비극이 끝없이 되풀이되고 있습니다. 용산龍山이라는 지명의 한자 '龍'에서 착안한 시인은 용과 이무기와 여의주라는 시어를 동원, 현실을 풍자하고 정치상황을 비판합니다. 상황과 인간에 대한 연민의 정이 진하게 감지됩니다. 시집 전체를 통해 근·현대사의 아픔을 다룬 시는 이 정도고, 시인은 주로 인간의 생로병사에 집중합니다.

귀 떨어진 나무계단이

진한 옻을 입고 새 것이 되어 있다

헌 단추처럼 하나씩 하나씩 채워진

나선형 계단을 밟고 커피숍 문을 민다

지금 막 진단 받은 갑상선암덩이, 오래 버텨온

목구멍 깊은 계단에 무슨 약칠을 해야 새것이 될까

깊게 빨아들이듯 정지된 시간

세상에 유서를 쓰는 펜대처럼

툭툭 발바닥을 쳐보며 의자에 앉는다

갓 갈아준 진한 원두커피 한 잔

갱지 같은 누런 설탕 듬뿍 집어넣어

기포 하나 남김없이

혈관 속으로 수혈한다

―「뜨거운 옹이」 앞부분

    이 시의 화자는 갑상선암 선고를 받은 뒤에 커피숍 문을 열고 들어갑니다. 암담한 심정으로 커피를 시키고 "세상에 유서를 쓰는 펜대처럼/ 툭툭 발바닥을 쳐보며 의자에 앉는다"고요. 차 한 잔이 "목구멍 안에서 뜨겁고 환해질 때" 화자는 "창문 밖 노란 은행잎 하나가/ 후드득 파랑새가 되어 날아간다"고 느낍니다. 시인이 바라보던 눈부신 노란빛이 툭 떨어지며 푸른색으로 변하는 순간, 지상의 삶은 천상의 노래가 됩니다. 급작스레 찾아온 죽음의 예감에 직면했을 때 우리는 어떤 자세가 될까요. 시인은 진한 커피 한 잔을 깨끗이 비웁니다. 커피를 마시는 일상처럼 죽음도 시인에게 찾아올 것입니다. 진한 빛깔과 향과 따뜻한 느낌처럼 죽음도 천천히 시인의 감각 속으로 들어옵니다. 목숨이 다하면 말라붙고 말 혈관을 자신이 좋아하는 향기로운 커피로 채워내려는 생명 의지가 읽는 이를 숙연하게 합니다. 우리는 유한자인 걸 잘 알면서도 죽음에 맞닥뜨렸을 때 의연해지기란 쉽지 않습니다. 초월 의지는 마음의 수련을 상당 기간 거친 뒤에야 우리에게 찾아오는 편안함입니다. 때가 이르면 죽는 것이야말로 자연의 섭리요 우주의 법칙이지만 암 같은 질병이 급작스레 삶의 평온을 위협할 때, 나날이 힘겨운 투병을 하며 살아가게 된다면 그러한 삶을 축복이라고는 할 수 없을 것입니다. 그것은 삶의 종장에 찾아온 무거운 형벌이라고 보는 편이 맞을 것입니다. 그러나 삶의 막바지에서 화자는 평온 가운데서 축복의 송가를 부릅니다.

지울 건 지우라 눈은 내리는데
그리울 건 그리우라 동백은 붉은데
거꾸로 난 저 발자국
흰 눈만 한정 없이 내리는

없는 하늘 아래

검은 새들 한 무리 둥근 원을 그리는데

마지막 작별의 시간

요단강가 찬송 소리 눈처럼 내리는데

나목이 된 둥근 몸 위로 하염없이 쌓이는데

말없이 던져지는 검은 국화송이들

―「요단강가에 눈은 내리고」 제2연

    장례식장에서 볼 수 있는 국화는 대개 흰색인데 이 시에서는 "검은 국화송이들"입니다. 시신을 상징한다고 보면 될 것 같습니다. 눈이 내리는 어느 날, 바깥 풍경을 바라보는 화자의 심사가 사뭇 착잡합니다. 화자는 누군가의 임종마지막 작별의 시간을 지켜보다가 이윽고 어떤 소리요단강가 찬송 소리를 환청인 양 듣습니다. 눈은 "나목이 된 둥근 몸 위로 하염없이 쌓이는데" 가만히 있을까요. 화자는 "말없이 던져지는 검은 국화송이들"을 생각하면서 외칩니다. "그만큼 향기로웠던가, 그대여" 하고 던지는 이 질문은 화자의 자문이기도 하고, 죽은 이를 향한 질문이기도 합니다. 우리는 모두 유한한 생을 살아가면서 국화송이처럼 향기를 풍겼던가요? 살아 있는 한 사는 것이지만 마음의 슬픔과 육체의 아픔은 떨쳐버리고 싶은 것. 하지만 시인은 '고통의 축제'정현종를 엽니다. 고통이 엄습했던 날, 삶을 더더욱 뜨겁게 느꼈던 것이겠지요.

　　무연했던 하늘에 뒤통수치는 강풍
　　생가지 꺾이고 생잎 찢어집니다

　　꺾이고 찢길수록
　　아프지 않았던 날보다
　　몹시 아팠던 날,
　　새록새록 더 생각납니다

　　나무가 숲이 되면
　　씨앗들 웅성웅성 모여들어
　　생가지 생잎 울리던 무서운 바람
　　작은 힘 쑥쑥 올려 기꺼이 밀어냅니다

　　시퍼런 멍울 뭉쳐 울컥울컥 쏟아내던
　　벌겋게 단련된 지나간 상처들
　　옹기종기 모여
　　기어코 웃게 만듭니다

사노라면,

무정무정 그리워지는 것은

눈부시게 환하거나 따뜻했던 날보다

무섭게 바람 불던 어느,

그 어느 날이랍니다

―「그리운 바람」 전문

    그냥 바람이 아닙니다. 나무를 송두리째 뽑기도 하는 강풍입니다. 역설적이게도, 화자는 아프지 않았던 날보다 몹시 아팠던 날이 더욱 간절히 생각납니다. 생명체들은 생가지의 생잎을 울리던 그 무서운 바람 덕분에 단련이 됩니다. "벌겋게 단련된 지나간 상처들"을 "옹기종기 모여/ 기어코 웃게 만드"는 바람, 그 강풍을 그리워하게 되었으니, 그 동안의 시련이 얼마나 가혹했던 것일까요.

    이런 비장한 시도 있지만 시인의 소소한 일상이 드러나 있는 몇 편의 시는 해설자의 입가에 미소를 머금게 합니다.

취하면 사탕이 사랑으로 보이나 보다

풋감 같은 사랑이 사탕이 되어 올 줄 누가 알았겠나

서양 놈들 사랑 맛이

이러지도 저러지도 못하고 엉거주춤하다

때마침 들어오는 딸애,
아빠가 화이트데이라며 사탕 사 왔더라
알아! 엄마는 스카치 캔디 커피 맛
나는 가마솥에 누룽지
뭐야, 내 이미지가 그런 거란 말이야?

풀풀 날리는 웃음, 뱃속으로 꾹꾹 들이밀고
그게 사탕이었니?

신 새벽 언쟁에 돌아누운 단단한 어깨
구겨진 기분 펴질 리 없는데
깨 볶은 대신
군불 땐 누룽지 한 봉다리
서양 놈 이미지 너머 이미지를 맛본
화이트 누룽지

비로소 명치끝이 풀리며 취기가 돈다

―「너머」 전문

이 시는 시인 자신이 직접 겪은 일화라고 여겨집니다. 이 시에서 3

월 14일 화이트데이가 "서양 놈 이미지"라고 했지만 실은 일본의 사탕 생산 업체가 고안해낸 날입니다. 서양의 오랜 전통인 밸런타인데이는 연인에게 초콜릿을 선물하며 사랑을 고백하는 날이라고 합니다. 이에 착안한 일본의 사탕 만드는 업체에서 "밸런타인데이에 초콜릿을 받은 사람이 한 달 후 사탕으로 답례하는 날"이라는 선전을 해 한국과 중국, 일본, 대만 등 동아시아 지역에서만 기념일로 인식되고 있습니다. 집의 가장이 어디서 들었는지 화이트데이라며 사탕을 사왔는데 엄마 몫이라며 커피 맛 나는 스카치 캔디를 사왔고 딸 몫이라며 '가마솥에 누룽지'라는 사탕을 사온 것이었습니다. 딸은 볼멘소리를 냅니다. "뭐야, 내 이미지가 그런 거란 말이야?" 하고. 네 번째 연을 보니 가족 간 약간의 말다툼도 있었던 듯한데 실은 아주 의가 좋은 관계임을 알 수 있습니다. 『시경』의 '風' 유의 시도 있습니다.

　　이룰 수 없는 사랑의 성지라구요?

　　바람이든 달빛이든 확 끌어다
　　두 눈 부릅뜨고 폭우처럼
　　패대기치고 싶은 사랑도 있다

　　갈바람 불고 찬 서리 치는

기러기 울어 예며 날아가는 달밤
누구랴 구만리 장천
뒤척이고 싶지 않은 사랑 어디 있으며
가슴 뛰며 살고 싶지 않은 사랑 어디 있으랴
펄떡이는 심장 콱 끌어안고 싶지 않은 사랑 어디 있으랴

낡은 무릎, 사철 발 벗은, 뙤약볕 아래 이쁠 것도 없는
사랑, 비단결처럼 부드럽고 동백꽃보다 붉디붉어
누구라도 불타고
누구라도 가슴 쿵쿵 뛰는 그래서 또 애월

금기의 그 남자 그 여자는 천상의 사랑이던가
그럴싸한 그들만의 사랑을 사랑이라 함부로 노래하지 말자
─「본처가」 전문

　　이 시에서 '애월'은 북제주에 있는 애월읍을 가리키는 것일까요? '悲哀'와 '歲月'의 합성어인 것도 같습니다. 아마도 이 시에서의 사랑은 살이 탈 정도로 뜨거운 연인간의 사랑이 아니라 수십 년을 같이 살면서 한 마음 한 몸이 된 부부지간의 사랑을 다룬 것이 아닌가 합니다. 제목도 그렇고 정지용의 「향수」가 얼비치는 것도 그렇고 '사별'을

전제로 한 사랑 천상의 사랑인 것도 그렇습니다. "그럴싸한 그들만의 사랑을 사랑이라 함부로 노래하지 말자"고 하니 해설자도 침묵을 지켜야 하겠지요.

 이번 시집의 또 하나의 특징은 사투리를 짙게 구사한 시편이 적지 않다는 것입니다. 사투리를 구사한 시편이 많지는 않지만 전남 여수 출신인 시인은 고향의 방언을 적절히 구사해 토속적인 정취를 물씬 풍깁니다.

  감나무 집 무당 년이 겁나게 이쁘당께 굿판이 없는 날
  기운깨나 쓰게 생긴 멀끔한 사내놈이랑 정분 나
  펄렁펄렁 싸돌아다닌당께 그 무당 년을 찾아온 여편네들
  서방인지 남방인지 바람이 나 가물에 바싹바싹 타들어가는 나락처럼
  바짝 말라빠져 버석거린 가슴을 복채로 내놓는다등마

           ―「칠월」마지막 연

  초가을 왁자한 함성 스펀지처럼 흡수해버린 운동장
  습기처럼 달라붙는 이른 아침
  칸나의 신음에 파르르 솜털이 긴장한다
  푸드덕푸드덕 칸나 이파리
  날개 다친 듯

장난치지 마, 화단을 울리는 금지된 고함
파득파득 몸부림치는 칸나
어지께 이장네 논에 농약 쳤다등마

―「낯선 시간, 붉은 시선」 앞부분

　이런 시는 고향 마을에서 살던 성장기 때의 추억담일 것입니다. 사람들마다 다르겠지만 어떤 이는 근년의 일은 잘 기억나지 않고 어릴 때의 일들이 또렷이 기억난다고 합니다. 그해 7월 시골마을의 풍경을 그린 앞의 시는 서정주의 『질마재 신화』풍입니다. 뒤의 시는 분명히 성장기 시편으로, 화자가 처음으로 달거리를 한 어느 해 10월초쯤의 풍경이 그려져 있습니다. 이장네 논에 농약을 쳤기 때문인지 제비가 죽습니다. 제비를 칸나 곁에 묻어주고 몇 날 며칠 신열에 시달리다 칸나처럼 붉은 달거리를 했던 화자는 아마도 10대 초반에서 중반으로 가고 있었을 것입니다. 유년기나 성장기를 배경으로 한 시는 이외에도 「시간의 추적자」「별」「쑥아, 미안해」「고마운 일」 등이 있습니다. 이런 시편은 시인이 YMCA 어린이 글쓰기 강사, 영재글쓰기 학원 강사, 어린이 글쓰기 방문지도 교사를 한 이력과 무관하지 않을 것입니다. 이런 시는 *老-病-死*가 아닌 *生*의 의미를 추적하면서 쓴 것입니다. 하지만 저 개인적으로 가장 크게 감명을 받은 시는 역시 *老-病-死*를 다룬 것입니다.

현상되지 못하는 노숙의 나날이여
상처라 말할 수조차 없는 사랑이여
언어는 한계에 이르고 타전할 수 없는 눈물은
닻 내린 가슴 밑바닥 뱃머리에 묶이어 있다
누가 세월을 약이라 했는가
너와 내가 주저리주저리 사랑한 세월,
세고 세어도 끝끝내 셀 수 없는 세월

바다는 그날을 유언처럼 곱씹고 있겠지
섬은 부식되는 어지러움 소금에 절이며
가라앉은 바다를 팽팽하게 붙잡고 있겠지
얼마를 더 가야 노랑나비 잠들 수 있을까
찔레꽃 더듬어 노랑나비 찾는 여인아
오늘처럼 길을 가다 불현듯 그리우면
출렁이며 어디서나 실컷 울어버려야만 한다

―「오늘처럼 불현듯 그리우면」 후반부

    이 시에 '눈물'이라는 명사가, '울어버려야만 한다'는 동사가 나오기 때문에 감동적인 것이 아닙니다. 생의 비애를 온몸으로 경험한 자의 내면의 아픔이 찌르르, 감전된 것처럼 전해져 오기 때문입니다. 물론, 세월이 약이 될 수도 있습니다. 하지만 세월이 육신의 아픔에 아무런 도움이 되지 않고 아픔이 가중된다면? 그렇습니다, "너와 내가 주저리주저리 사랑한 세월"이 있었습니다. "세고 세어도 끝끝내 셀 수 없는 세월"이 있을 것입니다. 아프면 아픈 대로, 그리우면 그리운 대로, 인간은 시간의 무게를 견딜 수밖에 없는 존재입니다. 시인인 이상 이 무거운 시간의 무게를 시를 쓰면서 인내해 나갈 수밖에 없습니다. (오규원) "시인은 병상에서도 쓰고 싶었다는데/ 제자 손바닥에 손톱 세워 한 자 한 자/ 마지막까지 썼다는데"(「섬광처럼」) 김금희 시인도 그에 못지않게 혼신의 열정으로 시를 쓰고 있습니다. 꽃은 줄기나 가지에 배열되는 모양이 있고 순서가 있습니다.

조팝꽃 찔레꽃 한바탕 놀고 간 하얀 꽃자리
붉은 꽃물 들어 절창이기는 한데

꽃 피는 차례마다 시회(詩會)를 열자던 옛 님
꽃도 없고
님도 없고

슬그머니 어지럽다
시(詩)차례, 꽃차례

―「시(詩)차례, 꽃차례」 종반부

꽃도 없고 님도 없으니 이를 어찌할 것일까요. 생의 비극적 정황 속에서도 시를 길어 올리려는 시인의 몸짓이 자못 처절합니다. "슬그머니 어지럽다"는 것은 뇌에 무슨 이상이 생겼기 때문이겠지요. 몸이 내 마음의 말을 듣지 않을 때, 보통사람이라면 시간에 치어 허둥대거나 허우적거릴 테지만 시인은 그럴 수 없습니다. 시를 써야 하기 때문입니다. 촛불처럼, 심지가 꺼질 때까지 시의 불을 피워야 합니다.

얼마나 갑갑했을까
와르르 햇살처럼 쏟아지는
유년의 뜰 그리며 채집한
지난 가을인가 지지난 가을이었던가
잊혀진 한 줌 꽃씨, 꽃말
재잘재잘 갈피마다
깨 털리듯 까르르 깔깔 뛰쳐나오는
봉인된 그리움
내 마음도 누런 감옥
피지 못한 시어들 난분분한데
이 왁자한 웃음을 어쩔꺼나

그리울 때마다 꺼내라는

시절(詩節),

시절(詩節)들

온 봄이 점점이 환해 온다

—「시절(詩節)을 털다」 전문

 이 시가 지향하는 것은 좌절이나 절망이 아닙니다. 뼈아픈 그리움도 살 떨리는 안타까움도 아닙니다. "재잘재잘 갈피마다/ 깨 털리듯 까르르 깔깔 튀쳐나오는/ 봉인된 그리움"입니다. 아직 "피지 못한 시어들 난분분한데/ 이 왁자한 웃음을" 어찌해야 할까요. 과거의 일들이, 사람들이, 장소가 그리워질 때마다 시인은 '시절詩節'들을 꺼냅니다. 시절時節의 힘을 이겨내는 더 큰 존재가 시절詩節입니다. 운율이나 억양 따위의 특징에 의하여 구분한 몇 개의 시행들로 이루어진 단위인 시절詩節을 꺼내어 매만지니 "온 봄이 점점 환해 오는" 것입니다. 인간은 유한해도 예술은 무한합니다. 신은 너무 바빠서 시인에게 위탁했습니다. 영생을 꿈꾸라고. 우주를 유영하라고. 시간여행을 하라고.

 시절時節을 넘어서 시절詩節을 털고 있는 김금희 시인이 오래오래 건강한 몸으로 "피지 못한 시어들"을 피워내기를 바랍니다. 한국문예창작학회의 일원으로 해외에 몇 번 같이 가서 국제문학 심포지엄에

참가했는데, 그 인연으로 이 해설을 쓰게 되었습니다. 아무쪼록 시인이 아픈 몸을 훌훌 털고 일어나 두 번째 시집 준비에 몰두하기를 바랄 뿐입니다. 아픔과 고통이 시를 더욱 살아나게 할지니, 지상에서의 아픔을 천상의 노래로 바꿔 부를 시인의 음성이 기다려집니다.

진료실의 시인들, 청진기 대신 펜을 들다

　의사와 시인. 얼핏 생각하면 둘 사이의 거리가 무척 멀게 느껴집니다. 하지만 사람의 몸과 마음의 병을 치료하는 의사와, 사람의 생로병사에 대해 고뇌하는 시인은 다 사람을 '낫게 하는healing' 존재라는 점에서 동료라고 볼 수 있습니다. 게다가 정신과 의사라면 그 거리는 더욱 가까워집니다. 이 땅에 한국의사시인회가 만들어진 것이 2012년 6월 9일, 동인시집 『닥터 K』가 나온 것이 2013년 6월 29일이었습니다. 26명 회원들이 의사로서 바쁜 나날을 보내는 와중에 시상을 떠올리고, 초고를 쓰고, 퇴고와 정리를 하고, 시집을 묶어냈습니다. 이분들은 주기적으로 모여서 식사도 함께 하고 술도 함께 마시는 것으로 압니다. 이번에 제2집을 준비 중인데 해설의 글을 쓰게 된 것을 기쁘게 생각합니다.

세계문학사를 살펴보면 의사를 직업으로 갖고 있던 사람이 적지 않습니다. 독일의 의사로서 시인과 소설가로 활동한 한스 카로사 1878~1956가 제일 먼저 떠오릅니다. 카로사는 1903년 의사 시험에 합격, 결핵 전문의인 아버지의 대를 이어 의사가 됩니다. 제1차 세계대전 때에는 자원입대, 군의관으로 종군하여 부상을 입기도 했습니다. 처음에는 시를 썼으나 『뷔르거 의사의 운명』을 비롯하여 자신의 체험에 바탕을 둔 자전적인 소설을 다수 썼습니다. 나치 정권이 수립되면서 예술원 회원으로 추천되었지만 사퇴하여 정권의 미움을 샀다고 합니다. 1942년 독일 국내에서 결성된 유럽작가동맹에 회장으로 강제로 취임하여 괴로운 나날을 보냈습니다. 두 차례 세계대전 사이에 뮌헨시 작가상과 괴테상을 받아 문학적 능력을 인정받은 카로사는 죽기 직전에는 독일연방공화국이 주는 공로대십자훈장을 받았습니다. 시인으로서의 카로사는 1977년 민음사 세계시인선 75번 『빛의 비밀』이 간행되면서 우리나라에도 알려졌습니다.

죽어갈 수밖에 없는 모든 이를 위해
나는 잔을 가득 채워준다
마신 뒤에도 언제까지나
취기가 감도는 잔임에랴.

백열을 내뿜으며 이네들은 가라앉는다.

그러면 이네들 시체 위에는

마지막 상념의 날개가

아름답게 펼쳐진다

지난날에는 꿈에도 비치지 않던 상념

적막한 얼음의 고향땅 위에 맴도는

갈매기 떼 모양.

—「죽음의 찬가」 끝 부분

독일군 군의관으로 종군하여 동부전선 루마니아에서 부상병들을 치료한 경험을 바탕으로 소설 『루마니아 일기』를 쓴 카로사는 죽어가는 병사들을 위한 진혼가 같은 시를 썼습니다. '현대의 괴테' 혹은 '현대의 고전주의자'라고 일컬어지는 그는 휴머니즘에 입각하여 시와 소설을 썼기에 시집 번역자 전광진은 "고통과 상처의 시가 아니라 쾌유와 자유의 시"를 썼다고 평가했습니다.

독일의 제1차 세계대전 종군 시인으로 고트프리트 벤1886~1956도 있습니다. 마르부르크 대학에서 신학과 철학을 공부한 뒤 베를린 군의학교에서 의학을 전공하였고, 졸업 후에는 피부과·비뇨기과 의사로서 베를린에 정착했습니다. 1912년에 대단히 전위적인 처녀시집 『시체공시소』를 발표하여 큰 반향을 불러일으켰습니다. 표현주의

와 니체의 영향을 바탕으로 출발한 그는 니힐리즘 초극의 가능성으로서 나치즘을 찬양했지만 곧 자신의 잘못을 깨닫고 펜을 놓고는 '망명의 귀족적 형식'을 선택하여 제2차 세계대전이 일어나자 50대에 다시금 군의관으로 참전했습니다. 종전 뒤에 시집 『정학적 시편 *Statische Gedichte*』을 발표하여 세계적인 명성을 얻었습니다. 초기 시에는 성도착과 매춘, 성병 등 의학적 측면이 중요한 주제였는데, 첫 번째 아내의 죽음과 친구로 지내던 한 여배우의 자살의 영향이 짙게 나타나 있습니다. 인간 내면의 어둠을 집요하게 파고드는 표현주의 성향 때문에 나치 정권은 작가와 의사로서 그의 직업에 제재를 가했으며, 1937년에는 작품 발표를 금지시켰습니다.

이름 모르게 죽은
한 창녀의 외로운 이빨에
금니가 달려 있다.
나머지 이빨들은 마치 조용히 약속이나 된 듯
빠져 있었다.
시체 치우는 인부가 그 금니를 뽑아서
전당잡힌 뒤 춤추러 갔다.
그럴 것이, 그는 말하기를,
흙만이 흙이 되어야 하니까.

—「순환」 전문(김주연 역)

베를린의 가장 불쌍한 여인네들
—방 하나 반쪽에 있는 열세 명의 아이들,
창녀들, 포주들, 쫓겨난 사람들—
여기서 그들은 육신의 괴로움으로 흐느낀다.
그토록 슬픔 흐느낌 있으랴.
그 어디인들 여기처럼
아픔과 고통의 모습 보이리,
이곳은 끊임없는 오열의 도가니.
—「진통하는 여인의 방」 제1연(김주연 역)

전쟁 중 벤에게는 창녀들의 성병 여부를 조사하는 임무가 부여되었습니다. 성병에 안 걸린 여성은 전장에서 막 돌아온 군인들의 접대부가 되게 하였고, 성병에 걸린 여성은 후방으로 보내 치료를 받게 했습니다. 창녀들 중에도 임신한 여성들이 있어 그들의 아기를 받아내어 고아원에 보내거나 입양을 주선하는 일을 했습니다. 매일 수많은 여성의 성병 감염 여부를 관찰해야 했던 시인의 고뇌가 이런 시를 쓰게 했을 것입니다.

전시 상황 하에서의 군의관 시인의 고뇌는 자살에 이르게도 합니다. 오스트리아 잘츠부르크 태생 게오르크 트라클1887~1914은 약학 석사학위를 받고 군의관이 되었습니다. 오스트리아와 헝가리가 세르비아에게 선전포고를 함으로써 제1차 세계대전이 일어나자 트라클은 자원입대해 약정국 소속 약사시보로 일선에 배치되었습니다. 섬약한 기질의 트라클은 부상병의 자살, 탈영병들에 대한 교수형, 포로의 자살 등 끔찍한 광경을 계속해서 보게 되자 마약에 손을 대게 됩니다.

인류는 포구砲口 앞에 세워졌다.
북소리는 그칠 줄 모르고, 검은 전사들의 무수한 이마,
피어린 안개 속을 걸어가는 발자국 소리, 검은 쇳소리가 요란하다.
절망, 슬픔으로 가득한 밤.
서성이는 에바Evas의 그림자,
사냥 그리고 번쩍이는 금화.
구름을 가르는 빛, 만찬.
양식과 포도주에 온화한 침묵이 흐르고,
거기 열두 사람이 모여앉아 있다.
깊은 밤, 올리브 그늘 아래서 외친다.
성 토마스가 흉터에 손을 댄다.

―「인류」 전문(윤동하 역)

제1차 세계대전 때 군인 830만 명이, 민간인 1,300만 명이 죽었습니다. 트라클은 전장에서 부상자들에게 모르핀을 주사하는 임무를 수행하다가 자살을 기도합니다. 자살을 기도했기에 군 정신병원에 입원해 감시를 받게 되었는데 야전병원 약국에서 몰래 가져온 코카인을 흡입, 심장마비가 와서 스물일곱 나이에 죽었습니다. 하지만 독일어로 쓴 그의 시집 『시집』은 독일 표현주의의 대표적인 시집으로 높이 평가되고 있습니다. 게오르크 트라클의 생애와 시세계에 대해서는 『세계를 매혹시킨 불멸의 시인들』이란 책에서 30쪽에 걸쳐 상술한 바 있습니다. 또 다른 의사 출신 문인으로는 러시아의 소설가 안톤 체호프1860~1904와 일본의 소설가 모리 오가이森鷗外, 1862~1922를 들 수 있습니다.

체호프는 모스크바 대학 의학부 출신으로서 의사 활동보다는 소설과 희곡 쓰기에 전념했습니다. 러시아 중편소설의 정수를 보여준 그는 생의 후반기에는 희곡 쓰기에 전념, 「갈매기」 「바냐 아저씨」 「세 자매」 「벚꽃 동산」 등을 썼는데 이들 작품은 지금도 전 세계에서 끊임없이 공연되고 있습니다.

오가이는 도쿄대학 의학부를 나와 독일 유학을 하고 돌아온 뒤 육군대학 교관을 거쳐 군의총감·의무국장 등을 역임하고 나서 퇴역, 제국미술원장 등을 지냈습니다. 소설과 번역서 말고도 평론집·역사물 등 다방면에 걸쳐 저술 활동을 했으며, 1956년 이와나미 서점岩波

書店에서 발간한 『모리 오가이 전집』은 53책의 방대한 분량에 이릅니다.

　방사선과 의사로 지나친 방사선 노출로 마흔세 살에 백혈병으로 죽은 일본의 의사 겸 소설가가 있었으니 나가이 다카시永井隆, 1909~1951입니다. 나가사키 의과대학을 나와 군의관으로 만주사변에 종군했을 때 괴로움이 컸는지 천주교에 귀의하여 귀국 후 영세를 받았습니다. 원폭 투하 때 부인을 잃은 뒤 두 아이를 키우면서 공부를 계속해 강사, 조교수를 거쳐 모교의 교수까지 되었지만 1951년에 죽었습니다. 17권의 저서와 번역서를 남겼으니 지독히 성실한 작가였는데 우리나라에는 자전적인 장편소설 『영원한 것을』이 번역되어 있습니다. 1964년에 초판 1쇄를 발행한 이 책이 지금까지 40쇄를 발행했으니 소문 없이 많이 나간 스테디셀러입니다.

　이밖에도 프리드리히 실러 · 코난 도일 · 서머싯 모옴 · 루쉰 등이 의사 면허증이 있는 문인이었습니다.

　국내에도 의사 문인은 대단히 많습니다. 경북대 의대를 졸업한 병리학자로서 부산 고신대 의대 교수를 지낸 허만하1932~ 시인이 대표적입니다. 서울대 의대를 나온 마종기1939~는 황동규 · 김영태와 함께 동인을 결성해 동인지 『평균율』을 내다가 도미, 오하이오 주립대학교 의대 소아과 임상교수를 거쳐 그 대학의 아동병원 초대 부원장과 방사선과 과장을 거쳤습니다. 정영태 · 배광훈 · 이상호 · 강경주 · 김경

수·정재영 등의 시인, 전용문·강동우 같은 소설가가 의사라는 현업을 갖고 있으면서 문학 작품을 썼다는 점에서 문단의 화제를 불러 모으기도 했습니다.

한국의사시인회의 시인들은 일단 의사로서 실력이 쟁쟁한 분들입니다. 전공분야에서 확실하게 자리를 잡은 이후에 시를 써 시인이 된 경우가 대부분인데 이미 대학시절부터 시작에 관심을 가져 습작을 했던 분들도 있습니다. 26명 동인이 3편씩의 시를 내 묶은 동인지『환자가 경전이다』황금알를 읽었으니 간단한 인상기를 써볼까 합니다.

김대곤은 〈전북도민일보〉 신춘문예와 『시대문학』 신인상으로 등단한 시인이자 전북대 의학전문대학원 원장을 역임한 소화기내과 전문의입니다.

철없던 의예과 시절
젊은 혈기로 성토대회에 뛰어들어
데모대 교문 뚫고 시가지로 진입했다고
초승달 뜬 자정 무렵 경찰서 연행되었어
밤새워 추궁당하고 조서 쓰고 탈진한 아침
이모부 유치장 밖 불러내어 뜨거운 국밥 한 그릇 불러주었지
그 눈물과 콧물이 뒤범벅된 국밥 한 그릇
국밥 그릇 감싸안고

목메어 감사하다는 말 할 수 없었어

―「국밥 한 그릇」 제3연

　의대 예과 시절에 데모에 참여하며 경찰서 유치장에 갇혔을 때 찾아온 이모부가 고생한다고 국밥을 사주었나 봅니다. 눈물과 콧물이 뒤범벅된 국밥을 먹고는 목이 메어 감사하다는 말도 못했는데 어느새 세월이 흘러 그 이모부가 "중환자실에 야윈 얼굴로 산소마스크"를 쓰고 누워 계십니다. 그때의 그 국밥을 '유언'으로 인식하는 것은 의사의 판단이 아니라 시인의 마음입니다. 멸종 위기에 이른 두루미들에 대한 안타까운 시선(「안변 프로젝트」), 생사의 갈림길에서 사지로 가고 만 사람에 대한 착잡한 심정(「전화기」)도 시인의 마음이기에 갖게 된 것이 아닐까 합니다. 그러고 보니 김대곤 시인은 시집을 6권 출간한 중견시인이기도 합니다.

　김춘추는 가톨릭대의대 조혈모세포 이식센터 소장을 역임한, 우리나라에 몇 안 되는 백혈병 전문가입니다. 시집도 여러 권 상재한 가톨릭대의대 명예교수 김춘추 시인은 자신의 유년기 회상을 「어린 순례자」라는 장시로 행하고 있습니다.

　둑길을 지나 전라도 광양 땅이 빠끔히 보이는
　신작로로 접어들면 소년은 달리고

달릴 줄만 아는 새끼 고라니이거나
노루 새끼이고 싶다 사십 리 길 신작로는
비단길이다 깜장 조약돌이 흑요석처럼 깔린
월곡을 돌아 꼬부랑 굽이를
몇 굽이 더 도니 오, 관음포!

—「어린 순례자」 제3연

경남 남해 출신인 김춘추는 삼일만세 소리가 제일 먼저 터진 탑동 장터와 조상이 줄줄이 묻힌 심천리도 떠올려보고, "시앗을 봐 속이 밴댕이 젓갈이 된 고모"와 "풋콩 잘못 주워 먹고 세 살에 죽은/ 희자 누야"도 떠올려봅니다. 우리는 십년이면 강산도 변한다고 했고 중국인들은 '桑田碧海'라고 했습니다. 쏜살같은 세월의 흐름을 누가 막을 수 있겠습니까. 바닷가에서 자란 시인은 「海霧」와 「臥溫에 오면」에서도 바닷가 풍경을 시의 화폭에 담으며 그리움에 눈물짓습니다.

인제대학교 총장이며 인제대학교 백중앙의료원 명예의료원장인 이원로는 미국의 내과전문의, 심장내과 분과 전문의, 노인병학 전문의 자격증을 갖고 있는 한국 의학계의 '원로'입니다. 시를 보면 뜻밖에도 감성이 대단히 여린 분임을 알 수 있습니다.

각도를 조금만 틀면

궤도를 살짝만 돌리면
보이지 않던 별이 보인다
들리지 않던 노래가 들린다

죽을 것 같지 않던 것이 죽는
짧은 날의 슬픔이 지나면
살 것 같지 않던 것이 살아나는
긴 날의 기쁨이 솟아오른다

기적들 중의 기적
삶이 흐른다
신비들 중의 신비
눈물이 흐른다

-「긴 날의 기쁨」 전문

   그 동안 수많은 환자를 보았을 것입니다. 살아나 퇴원을 한 이와 끝끝내 사지로 가고 만 이를 수도 없이 보았겠지만 생명체는 그 낱낱의 것이 기적이고 생로병사도 기적적인 일임을 누구보다 잘 알고 있는 이가 쓴 시입니다. 생명의 근원적인 것에 대한 탐색은「삼월의 창」과「추수」에도 잘 나타나 있습니다.

경북대의대 출신으로 대구에서 내과병원 원장으로 있는 박언휘는 분주한 일상 가운데서도 시인인 자기 자신을 위해 처방전을 씁니다.

늦은 밤
불빛조차 지친 진료실에서
나를 위한
오늘의 마지막 처방전을 쓴다
파릇한 시의 잉태를 위한,
건강한 출산을 위한,
습작習作 수액 주사
용량 제한 없음

―「처방전」 마지막 연

여느 의사라면 늦은 시각이면 일과에 지친 몸을 이끌고 귀가하여 쉴 텐데 박언휘 원장은 그때 비로소 시인으로서의 자신을 만나는 시간을 갖습니다. 의술이 아닌 인술을 베풀고자 하는 정신은 시로써 타인에게 위안을 주고자 하는 시심과 크게 다르지 않습니다.

아침이면 들려오는 갖가지 소리들,
소음과 괴성을 참으며,

환자들이 호소하는 이명 耳鳴에는 처방을 내리고,
오늘도 정성을 다해 치료하며
치유의 기쁨을 누리게 해주십사고
환자를 볼 때마다 기도하는 순간,
눈 감지만 이 시간은 평화입니다.

―「기도」 마지막 연

    전국의 모든 의사가 박언휘 의사와 같은 마음으로만 진료하면 환자들의 존경을 받고 신뢰를 얻을 것입니다. "치유의 기쁨", 사실 의사라는 직업은 정말 좋은 직업입니다. 병자를 치료하여 고통을 덜어주고 병을 낫게 하고 목숨까지 구하는 일은 아무나 할 수 있는 일이 아닙니다. 인간을 구하겠다는 휴머니즘이 없으면 의사 생활은 힘들고 고달픈 중노동에 지나지 않을 것입니다.
    정의홍은 서울대의대를 졸업하고 인제대의대 백병원에 재직하다가 도미, 하버드대의대 부설 병원과 연구소에서 일했습니다. 3권의 시집을 냈고 지금은 고향 강릉에 거주하고 있습니다. 그는 자신의 의사로서의 삶이 과연 남들보다 훌륭한 것이었나 회의하고 있습니다.

춥거나 덥거나 일 년 삼백육십오 일
힘들고 거친 일 허리 휘어질 때까지 일해도

먹고 사는 일조차 만만치 않은 분들에게
조금 더 배웠다고 선생님 소리 들으며
조금 더 배부르고 더 편히 산다는 게
때로는 민망하기도 송구스럽기도 하다
내가 죽어 행여 바늘귀를 통과하여
천국 근처를 얼씬거리게 된다면
천국 아파트 지하층에 들어갈 자격은 있는 것일까
한 줄 햇살이 호사스러운 지하층에

—「천국 아파트」마지막 연

이러한 자기반성은 결국 보다 나은 자아정립으로 나아갈 수 있게 합니다. 사회적으로도 존경받고 경제적으로 안정된 직업을 가져온 자신이지만 늘 깨어 있는 양심으로 살아왔는지 시를 쓰면서 반성하고 있는 것입니다.

김현식은 전남대의대를 졸업한 외과 전문의입니다. 시집 『나무늘보』도 좋았지만 산문집 『시의 향기』는 이 땅, 이 시대 시인들의 대표작에 대한 성실한 평설이라 의사 김현식이 공부하는 시인이기도 함을 세상에 천명한 저서입니다.

붉은피톨이 흘러가다 얼어붙어 멈춘 곳에

붉은 모래 알갱이로 모여 속 꽃을 피운 곳
흡혈귀의 전설이 되살아나고 피의 향연이
재연된다

—「화」 제1연

뜻하지 않은 절벽과 수렁 때문에
무한한 나락 속으로 추락해 갔다
진이 빠진 날의 초라함은 세상 끝처럼
느껴지기도 했다

—「제2악장」 제4연

이런 비극적인 세계관이 어디에서 연유한 것인지는 알 수 없지만 시인은 절망하고 애통해합니다. 절망을 해본 사람이 희망을 꿈꿀 수 있는 것일까요, "어둠 속 불빛과 외로운 가로등과/ 언덕 위의 꼬막집들에서/ 새나오는 수선한 빛들의 속삭임이/ 희망을 얘기하고 있지 않느냐"(「미명」)고 반문합니다. 시인은 생로병사의 쳇바퀴를 굴리지 않을 수 없는 우리에게 새벽을 기다리며 살아가라고 말하고 싶었던 것이 아닐까요.

황건은 인하대병원 성형외과에 근무하면서 인하대의대에서 '문학과 의학'을 가르치고 있기도 합니다.

무릎을 베고 누워서
당신 손길을 기다립니다

팽팽하게 당겨주셔요
따뜻하게 안아주셔요

열락悅樂의 산으로
눈물의 폭포로

머리에 흰 눈이 내리고
가슴엔 붉은 꽃이 필 때까지

―「거문고」 전문

    열렬하고도 처절한 사랑노래입니다. 거문고는 누군가 자신의 몸을 팽팽하게 당겨주거나 따뜻하게 안아주어 소리를 낼 수 있게 했을 때 비로소 존재의 값어치를 획득합니다. 마지막 연은 '老'와 '死'의 세계일 터인데 그렇게 되기 전에 거문고는 악공이 자신을 열락의 산, 눈물의 폭포기쁨의 눈물이리라로 데려가주기를 기다리고 있습니다. 여기서 거문고는 물론, 이성의 손길을 기다리는 여인의 객관적 상관물입니다.

연세대의대 출신으로 강서구에서 이비인후과 병원을 경영하고 있는 홍지현 시인은 무척 가족적이며, 마음이 여리고 가슴이 따뜻한 분입니다. "가족끼리 친구끼리/ 같은 옷만 입어도 행복하던 시절"(「색바랜 티셔츠」)이라고 말하는 그는 독서실에서 고시 공부를 하는 아들이 안쓰럽습니다.

모두가 사랑하고 존경하던
이원상 교수님 돌아가셨다
일 년을 기다리다 입원한
청신경 종양 환자 두개저 수술
하루 전날 돌아가셨다
환자는 황망히 집으로 돌아갔을 것이다
새해 첫 날
교수님은 하늘로 가시고
나는 문상 갔다 터벅터벅 집으로 돌아왔다
돌아오고 돌아가는 발자국들
집과 하늘 사이에 어지럽다
남아 있는 사람들 흉중에
회오리치는 바람
어디로 돌아갈까

—「집과 하늘 사이」 전문

    집은 지상에 있고 하늘은 저승세계, 즉 천상입니다. 우리는 한 생애 내내 어떤 길을 걸으며 어떤 발자국을 찍으며 살아가는 것일까요. 의사이기에 생과 사의 비밀을 보통사람보다 더 잘 알고 있겠지만 은사님의 선종을 접하고 시인은 환자가 황망히 '집'으로 돌아갔을 것이라고 생각합니다. 홈 스위트 홈, 내 집만 한 곳은 이 세상 어디에도 없을 것입니다.
    가정의학과 전문의로서 2권의 시집을 출간한 바 있는 한현수는 간이역이건 진달래꽃이건 간에 이를 여성의 몸으로 환치하여 독특한 시상을 전개합니다.

> 그녀의 몸을 열차가 지나다니고 있다
> 그녀의 주름살은 기찻길을 닮아 있다
>
> 머리에서 발끝까지
> 그녀의 늘어진 풍경 안으로
> 빨랫줄 당기듯 기차소리가 들어온다
> 그녀의 하루는 기찻길을 따라 펄럭인다
>
> —「간이역」 제1, 2연

그녀를 보면 끝, 이란 말이 낯설다
나뭇가지 끝에 꽃핀다는 말은 수정되어야 한다
끝, 이라 부르는 게 그녀에게 시작점이니까
시작하고 다시 시작하는 자리가
그녀가 돌아오는 그 자리이니까

그리하여 그녀의 알몸은 앞모습뿐이라고
기억하기는
그녀 뒤로 숨은 그늘을 찾기가 어려웠으므로

―「진달래꽃 같은」 제2, 3연

    예로부터 여성의 몸은 수많은 조각가와 화가의 예술혼을 뒤흔든 창작의 원천 소스였습니다. 비너스를 그린 그림이나 다른 그리스 여신들을 그린 그림이나 서양의 미인도는 알몸인데 시인도 여성의 옷을 벗깁니다. "그녀를 만지는 것이 살 떨리어서/ 내가 그녀 속으로 들어가 있다, 라고만 말한다"는 「진달래꽃 같은」의 결구는 시인의 미의식이 상당히 감각적임을 말해줍니다. 「중년」이라는 시에서는 "여자야 너의 직설적인 말씨가 나를 아프게 해 내 말에 왜? 란 말을 달지 말아줘 인디고란 풀로 파란 염색물을 만든다고 하지 우기 때면 널찍한 우물에 풀을 담고 철썩철썩 수천 번 초록 물결에 발길질을 하는 거지 사람들은 이때 파랑이 깨어난다고 믿는 거지 그러나 사실은 물에 멍이 들게 하는 거지 파도가 바위를 쳐서 파랑을 얻는 것처럼"이라는 대목이 나오는데 대단히 눈부신 감각적인 표현으로서 우리 시단에 한현수만의 독특한 세계가 펼쳐질 것임을 예감케 합니다.

피부과를 전공해 전문의를 딴 전남대 의대 출신 시인 나해철은 1982년 〈동아일보〉 신춘문예에 「영산포」로 등단한 이후 창비에서 시집을 여러 권 출간한 중견시인입니다. 향가인 「헌화가」를 패러디한 시는 상당히 많으니 다른 두 편의 시를 봅시다.

> 살 속에 접힌 날개가 퍼덕거릴 때
> 산꼭대기 돌무더기에 올라
> 푸른 하늘 멀리 그대를 그리리다
>
> 솔숲 진한 향내에 취해
> 한 시절 낯선 사랑에 빠지셨던가
> 그리고 그리 슬피 우셨던가
>
> 여인이여
> 그대를 닮아 은빛 날개로
> 만월빛 알로 이 세상에 왔으나

나 서럽지만은 않은 날들로
슬픔의 천년 왕국을 세우리니

드높은 머리 위에서
언제나 푸르르시라

―「계림에서 울다」 후반부

그대 가는 길을 그대라 생각하고
길 위에 온 몸을 돌탑으로 세운 일

그대는 지나쳐가고
그대는 스쳐 흘러갈 뿐인데

처음 그대를 만난 그 저물 무렵부터
이 자리에 움직이지 못하고 서 있네

다가오던 그대 한 번 안아보려
팔 활짝 벌린 그 몸짓 그대로

―「다리」 후반부

고전의 바다에 띄운 배가 참으로 아름답습니다. 이 두 편의 시도 수로부인에게 돌산 봉우리에 피어 있는 꽃을 따다 바친 노옹의 심정과 크게 다르지 않습니다. 신화의 시대나 설화의 시대나 산업혁명의 시대나 정보통신의 시대나 마찬가지입니다. 괴테는 "영원히 여성적인 것이 우리를 이끈다"고 했습니다. 시인은 고풍스런 어투로 이 시대의 헌화가를 사랑의 기쁨과 이별의 아픔을 아는 아름다운 여인에게 바치고 있습니다.

나라정신건강의학과 원장인 박권수는 소외된 자들, 혹은 이 땅의 장삼이사들에 대한 관심을 잃지 않고 있습니다. 지하철 옥수역에서 타고 내리는 승객들을 유심히 보기도 하고(「옥수수」), 외로운 화성 고모님의 "이제 보면 또 언제 보겠냐"(「화성고모」)고 하신 말씀을 반추하기도 합니다.

> 차 옆을 스쳐가는 종촌리 1구
> 문패 없는 대문 사이로 주인 없는 바람들이 놀고 있다
> 묵은 씨래기 서걱거리는 가슴
> 연기 없는 굴뚝에 기대어 선 감나무
> 담벼락 구멍을 따라 삽짝 앞에 서서는
> 떠남, 기억하지도 말고
> 흙, 잘 간직하라고

―「늦은 가을」 제2연

　시골에 가보면 빈집이 많은데 그런 집들의 을씨년스러운 풍경을 잘 묘사하고 있습니다. 인간에게는 모성이나 고향은 대체로 원천적인 그리움의 대상입니다. 고향이란 곳은 언제든 찾아갈 수 있을 때 마음의 둥지가 될 수 있지요. 그래서 고향이 예전의 모습을 잃어버리게 되면 우리는 마음의 둥지를 잃고 마는 것입니다. 나중에 돌아갈 곳이 없어졌다는 것, 그 쓸쓸함의 깊이를 박권수 시인은 잘 알고 있습니다.
　연세대의대를 나온 신경정신과 전문의 신승철은 큰사랑노인전문병원의 원장이어서 그런지 생의 비애에 대해 남다른 관심을 갖고 있습니다.

　　지난 사십여 년은
　　하룻밤이었다.

　　하룻밤 사이에
　　위염과 당뇨와 허리 디스크와
　　만성 피로와 기관지염을 앓았다.

　　고스란히 내려놔야 할 것들이

―「장독대」 부분

　무병장수가 대다수 인간의 소망이지만 병마는 부지불식간에 찾아옵니다. 납골당이나 공원묘지에 가보면 인생의 종착역은 결국 죽음임을 알게 됩니다. 아옹다옹 아득바득 살아보려고 하지만 저승사자는 늘 지척에서 기다리고 있습니다. "내 죽은 뒤/ 마음이 없어진 뒤에야// 나는 비로소/ 행복과 기쁨의 바다에 이르는 것일까."(「까치」), "공을 들인 고통들이 일시에 바스러질까봐// 공을 들인 고통들이 아무 보람도 없이// 허무하게 그냥 바스러질까봐/ 두려워 몸을 숨긴 채// 가만히 너를 지켜만 보고 있는 중이다."(「초봄」) 등에도 시인의 죽음의식이 잘 나타나 있습니다.
　신경정신과 의사인 김승기는 나무를 통해 인간세상의 이모저모를 생각해봅니다. 나무는 한 자리에서 생을 다 보냅니다. 한 자리에서 생의 대부분을 보내는 사람은 신경정신과병원에 입원해 있는 환자들, 혹은 교도소에 수감된 장기수들일 것입니다.

　　숲길을 걸으며 자꾸만
　　밭머리 외나무 생각이 났다
　　그 나무는 왜 숲속에 들지 못하지

그 사람 생각이 났다

— 「숲에 들지 못하는 나무」 끝부분

뿌리를 내린다는 것은
그 자리에서 맨몸으로
긴 겨울을 나겠다는
단단한 결심이다

— 「겨울 숲」 부분

숲길을 걷다가 문득 하늘을 올려다본다
겨울나무들이 나보다 키가 몇 배씩 더 크다

— 「날마다 남의 꿈속을 걸으면서도」 부분

나무는 수동적인 삶을 살아가는 존재인 것 같지만 실은 환경에 적응하고 천재지변과 싸우고 햇빛과 바람과 물과 공기를 잘 이용해 살아가는 영리한 존재입니다. 인간이 오히려 어리석지요. 주변 환경에 적응하지 못해 몸의 병, 마음의 병에 걸리고, 범죄를 저지릅니다. 사회에서 격리된 채 살아가는 사람은 숲속_{사회}에서 살아가지 못하고 밭머리에서 살아가는 저 외나무와 같은 것일 테지요.

심장내과 전문의로서 광주보훈병원 심장혈관센터장으로 있는 김

완은 의사로서 환자를 존중하는 마음을 갖고 있으므로 많은 환자와 보호자들의 존경을 받고 있을 것입니다.

    봄 들녘에 아지랑이 피어오른다

    레지던트 수련 중에
    스트레스 견디지 못하고
    병원을 떠나는 전공의들
    4월초 담장마다
    목련 두근두근 벙그는데
    떠나는 이들의
    까만 눈망울이 젖어 있다

    유구무언

    그럼에도 불구하고
    환자가 우리들의 경전이다

                               —「환자가 경전이다」 전문

경전이란 무엇입니까. 진리가 담겨 있기에 늘 곁에 두고 읽으며 마음의 거울로 삼는 책입니다. 의사가 될 때 '히포크라테스 선서'를 하는 이유는 의사에게는 환자를 자기 가족처럼 생각하고 돌보는 의무가 있기 때문일 것입니다. 이 의무를 다하지 못하면 의사를 그만둘 수밖에 없습니다. 인내심과 체력이 필요하며 희생정신과 휴머니즘이 요구되는 의사라는 직업에 대해 다시금 생각하게 해주는 시가 아닌가 여겨집니다.

부산대의대를 나와 서울대의대 대학원을 거쳐 현재 성균관대의대에 외래교수로 있다가 개업한 내과 전문의 김세영은 「정읍사」나 「처용가」를 현대적인 감각으로 해석하고 재미있게 변용했습니다. 환상성이 더욱 잘 발휘된 시는 「가야 여인」입니다.

선로를 복구한 경부선 야간열차를 타고 상경하다 깜박 잠이 든다
가야 여인의 혼이, 뼈의 몸체 속에 들어가서 하룻밤 머문 후
새벽안개처럼 빠져나가는 것을 본다
그녀의 옷자락을 잡으려고 허우적거리다, 옆에 앉은 여인의 소매를 붙잡는다
낯선 여인의 비명에 꿈에서 깨어난다

시간의 단층을 파헤치다 지워진 지문의 손가락으로
밤하늘의 별자리를 차창 위에서 맹인처럼 더듬어본다

같은 시간 속의 별들이 서로 닿기엔 너무 멀듯이
같은 공간 속의 별들도 서로 닿기엔 너무 아득하다.

—「가야 여인」 후반부

일종의 스토리텔링 기법으로 쓴 시입니다. 가야의 여인이 꿈속과 현실세계를 넘나드는데 화자는 시간과 공간의 제약에서 자유롭지 못하지요. 인생이란 그런 것입니다. 꿈을 깨면 일장춘몽이요 다시 잠들면 만리장성을 쌓을 수 있습니다.

의정부에서 내과의원을 개업하고 있는 김연종은 『문학과 경계』 신인상으로 등단할 때 제가 심사를 했던 인연이 있습니다. 그의 2권 시집 『히스테리증 히포크라테스』와 『극락강역』은 대단히 훌륭한 시집인데 주목을 제대로 못 받은 것이 안타깝습니다. 내과의사지만 현대인들이 공통적으로 조금씩 앓고 있는 신경정신적인 질환에 대해 관심이 많습니다.

건망증이 심해 내가 신고 다녔던 神을 어디에 벗어 놓았는지 헷갈린다 양복 윗주머니에 잘 모셔 두었던 우울과 몽상의 부스러기를 수거해 붉은 우체통에 살처분하고 나서도 내가 신었던 신발의 빛깔은 기억나지 않는다

—「Vertigo」 제1연

센티멘털과 멜랑콜리를 극복하지 못해 사유의 연하곤란증을 겪고 있
나요 초기 치매와 중증 건망증을 감별하느라 거미줄처럼 얽힌 기억의
행간에서 꼼짝 못하고 있나요
―「가면우울증」 제2연

입술과 항문과 성기가 없는 그곳으로 가면
술 마시지 않고도 잠들 수 있으리
촛농처럼 흘러내리는 고독을
한 줌 먼지로 방점 찍을 수 있으리
아직 내 몸을 빠져 나가지 못한 맹독의 환상마저
알레르기 행진곡처럼
온몸을 붉게 물들이고 뇌 속까지 울려 퍼지리
―「데스홀릭」 부분

스트레스는 만병의 근원이라 하는데 현대인 가운데 스트레스 안 받고 살아가는 사람은 거의 없습니다. 우리 주변에 건망증, 현기증, 편두통, 불면증, 강박증, 약간의 우울증을 전혀 인지하지 않고 살아가는 사람이 있는가요? 본인은 고통스러워하는데 병원에 가면 병이 아니라고 하는 경우도 있습니다. 시인은 "치료를 포기한 의사의 위로 한 마디에 다시 용기를 얻었나요" 하면서 현대인의 만성적 정신질환의

양상을 하나하나 기록하고 있습니다. 처방전을 쓰는 대신 원인 분석에 나선 이가 김연종 시인입니다.

충남대의대를 나온 외과 전문의 송세헌은 시간의 의미에 대한 연구를 하고 있습니다. 순간이 쌓여 세월이 되고 세월이 쌓여 역사가 됩니다. 「낙화―이형기 풍으로」는 개인사와 한국 현대사의 관계에 대한 연구이고, 「대전역 구두병원」은 인간사의 축도인 신발에 대한 연구입니다.

> 무성한 베트남의 정글에
> 머지않아 열매 맺을 부하들을 묻고
> 하롱베이를 건너왔다
>
> 그들의 청춘은 꽃답게 죽었다
>
> 따라가자
> 피 묻은 손길을 흔들며
> 하롱하롱 꽃잎처럼 진 전우들 곁
> 현충원 병사 묘역으로
>
> ―「낙화―이형기 풍으로」 부분

이력은 신발이 끌고 온 기행문
　　편력은 신발을 끌고 간 채색화
　　옥신각신 발바닥에 새긴 펜혹 같은 티눈
　　거개의 발병의 발병 원인은 신발에 기인한다
　　까치발로 까치발로 살아온 역마살이다
　　　　　　　　　　　　　　－「대전역 구두병원」 전문

　앞의 시에서의 죽음은 전장에서의 죽음이므로 '장렬한 전사'라고 해야겠지만 실은 비명횡사에 가깝습니다. 뒤의 시는 살아가는 일의 팍팍함에 대하여 논한 것으로 보입니다. "강아지마냥 대문 밖에 매어 있"는 "하얀 목련 한 그루"를 의인화한 「빈집」은 기억에 대한 연구인데 기억도 사실상 시간과 밀접한 관련이 있는 시어입니다.
　한양대의대를 나와 흉부외과 전문의로서 한전병원에 근무하고 있는 김응수는 『나는 자랑스러운 흉부외과 의사다』 외 다수의 에세이집과 '닥터 콜롬보의 메디컬 에피소드'라는 부제를 단 의료인 위인동화 『의학의 달인이랑 식사하실래요?』를 2권이나 낸 저술가이기도 합니다. 세계사에 대한 공부가 「1694년 비망록」을 쓰게 했는데 궁극적으로는 자신의 내면을 살펴보게 됩니다.

　　울적할 때면 가위로 머리를 깎는다

왼쪽에서 오른쪽으로 가위질하면 깎아지른
절벽에서 맨몸으로 아랫바람을 맞는 황홀감
머리를 감을 때면
우울을 꾹꾹 눌러주는 흐뭇함
샤워기로 머리털을 씻어내리면, 어여차!
수채통을 피해 뭉쳐져 유영하는 머리카락 덩이
참 어렵게 살아왔구나

─「머리를 깎다」 부분

몸보다 술이 지쳐 누운 새벽
목 마려워, 술 마려워 거울을 보다
헉~,
인기척에 식겁한 두꺼비 같은
내 안의 귀신

─「더불어 사는 세상」 부분

   소크라테스는 시장바닥을 헤매 다니며 사람들에게 질문을 해댔는데 그 중심된 질문이 "너 자신을 아느냐?"라는 것이었습니다. 자기 자신을 모르고서 남을 평가하고 남을 탓하며 살아가는 우리에게 가장 필요한 질문이 "너 자신을 아느냐?"라는 것인데 김웅수는 바로 그 질문을 하고 있습니다. 먼 타인들, 혹은 가까운 이웃과 더불어 살아가기 위해서입니다.

   부산대의대를 졸업하고 부산백병원 원장을 역임한 뒤 지금은 인제대의대 흉부외과 교수로 있는 조광현은 서정시의 본령을 지키려고 합니다. 지나친 난해함과 정도 이상의 장형화, 음악성의 상실로 인해 시가 위기상황으로 치닫고 있음을 아는 시인은 자연과의 합일을 꿈꾸는 한편, 사람 사이의 감정 교류에 호소하는 낭만적 성향을 지니고 있습니다.

   새소리가 왜 고우냐고요
   그냥 새소리이니까요

   세상은 사랑하기에 정말 좋은 곳이랍니다

   이리 오세요 참 좋은 아침입니다
   커피나 한 잔 합시다.
—「어젯밤의 그 바람이」 끝부분

   가만히 눈감으면 뿌-연 안개 속
   어느 먼 행성의 언덕 너머에

무슨 지표 하나 아른거리네요
본향인가요?

어차피 가야 하는데
우리 잠깐 쉬어가면 안 될까요.

— 「역방향의 기차를 타고」 끝부분

    오늘날 상당수의 시가 독자와의 소통보다 자신만의 성채에서 독백을 하는 경우가 비일비재한데 조광현은 쉬운 어조로, 다정하게, 간단한 말로 뜻을 전하고자 합니다. 암시성이나 애매성은 부족하지만 이런 시에 독자는 오히려 더욱 크게 친근함을 느끼게 될 것입니다.
    내과의원을 하면서 부산의 대표적인 문예지 『시와 사상』을 발간하고 있는 김경수는 철학적인 깊이를 지닌 시를 쓰고 있습니다. 그가 지향하는 세계는 형이하학이 아니라 형이상학이며, 일상성이 아니라 사상성입니다.

난초에게 좁은 면적의 말을 던지면
난초는 안개를 뿜어내며
안개에게 말소리도 무게가 있다는 것을 말해준다.
안개보다 정밀하게, 난보다 처절하게

인간들은 자신들 인생의 밝은 면의 무게를 잴 수 있을까?

            ―「난초에게 말을 걸다」 끝부분

인생에서 사랑보다 행복한 선물이 있을까?
길 위에 서서 내가 마지막으로 돌아가는 날
나는 제대로 된 인생길을 걸었노라고 말할 수 있을까?
마음이 가난한 사람들만이 빈자貧者에게 손을 내미는
길 위에 서서 우리는 진정 부끄럽지 않을 수 있는가?

            ―「길 위에 서서 실을 찾는다」 끝부분

 '인생이란 무엇인가?'라는 질문에 대한 답을 구하려면 철학책 몇 권을 읽어야 하겠지만 김경수의 시를 읽어도 해결이 되니, 얼마나 쉽고 빠른가요. 시인의 답은 '사랑'입니다. "안개 속에서 사랑만큼 어두움을 밝히는 따뜻한 빛은 없다."(「안개와 놀다」)고 한 것도 인생행로에 몰려온 안개를 물러가게 하는 것은 바로 빛과 온기, 즉 사랑이라는 결론에 이릅니다.

 부산대의대를 나와서 소아청소년과의원 원장으로 있는 박강우는 『시와 사상』 주간이기도 한데 대단히 포스트모던한 시를 쓰고 있습니다. 형식적인 실험을 하지 않은 「뭉게구름의 비밀」과 「왜」도 애매성과 다의성에 입각한 꽤 난해한 시인데 「익명성과 피상성의 정보미학」

은 제목만큼이나 어렵습니다.

⇑은 평범한 쇠창살이었다
폭탄을 안고 ➡이 쇠창살 안에서 터졌다

시소가 오르락내리락 웃었다
↘↗와 ↗↘로 나눠진 우리는 웃다가

또 웃다가
↘↗은 밤이라고 우겼고
↗↘은 낮이라고 우겼다

↺ 이렇게 ⇑을 따돌려야 한다고 우겼고
↻ 이렇게 ➡을 피해야 된다고 우겼다

　이렇게 시작되는 시는 "⇑은 밤과 낮을 시소에 앉혀 무게를 맞추었고/ ⇑➡↘↗↗↘⇑은 뒤섞여 ⊙이 되었다"로 끝납니다. 의미를 정확하게는 파악하지 못하겠지만 감금과 감시, 권력과 금력, 무기와 술책에 좌우되어 온 세계사에 대한 암담한 진단이라고 어렴풋이 여겨집니다. 시가 미로학습을 시키는 것 같아서 당황스럽기도 하지만 퀴즈풀

이처럼 재미있기도 합니다.

  동아대병원 정형외과에 근무하고 있는 이규열은 시전문계간지『신생』의 편집인이기도 합니다. 연작시「外道」는 시인의 길을 걸어가고 있는 자신을 풍자한 인간풍자시입니다.

    다시 쓰기 시작해야 하는 밤이다
    낮에 걸어온 길에서 벗어나
    밤이 되어야만 항문과 구강의 위치가 없어지고
    밤이 되어야만 손과 발의 역할이 불분명해지고
    주체와 객체의 습관에서 벗어나
    자아와 무의식의 차이가 없어지고
    이기와 이타의 순서가 뒤바뀌며
    밤이 되어야만 순수와 혼탁이 동시에 들어오고
    밤이 되어야만 상처와 치유가 동일시되는
    아아 밤이 되어야만 쓸 수 있는
    이 지독한 정신적 자위행위는
    길을 벗어났지만
    언제나 경계에서 머무는
    이 찬란한 외도는
    외도外道가 오래되면 정도正道가 되듯이

오래된 밤은 이미 낮이다

― 「外道 · 1」 전문

   낮에는 가운을 입고 사는 의사이고 밤에는 시인이 됩니다. 외도를 하는 것입니다. 그런데 1993년 이후 외도를 계속하다 보니 이것이 정도가 된 것 같습니다. 그것을 그는 "아아 밤이 되어야만 쓸 수 있는/ 이 지독한 정신적 자위행위"라고 했습니다. 시마詩魔에 들린 것입니다. 그래서 "사리와 분별이 탈각된/ 낮에는 보이지 않는 길/ 그 길이 잘못된 길이라 해도/ 이제는 포기할 수가 없"(「外道 · 2」)는 것입니다. "개 같은 시가/ 날아오르자/ 불완전한 삶마저/ 더욱 멀어져 간다"(「外道 · 3」)고 했습니다. 시를 쓰기 전에는 건실한 생활인이었는데 시개 같은 시!를 쓰면서 밤을 지키는 파수꾼이 되고 말았습니다. 즐거운 고통을 감내하는 이율배반적인 삶을 이규열은 '외도'로 표현했습니다. 이런 외도라면 얼마든지 하고 싶습니다.
   한림대 한강성심병원 산부인과 과장으로 있는 이용우는 시를 통해 인생론 혹은 생명론을 펴고 있습니다.

   사람의 세월도 호박 한 덩어리 같으니
   제 살 제 피 다 녹여 씨 얻는 일이
   사람이나 늙은 호박이나 무엇이 다른가

사람이 젊은 시간에 제 생명 빚어내듯
호박은 늙은 것이 아니다, 호박은 지금
가장 빛나는 시간의 자리에 당도했다
황금 엉덩이로 튼튼한 가부좌를 틀고서.

―「늙은 호박을 위하여」 종반부

이제부터 소가 할 수 있는 일은
허물어진 탑의 기단에 걸터앉아
용도폐기 도장 찍힌 삶 반추하는 일
생, 노, 병, 사 4개의 반추 위胃에서
한 점의 살, 한 방울의 피까지 꺼내
꾸역꾸역 되새김질하는 일
되새김하며 속수무책 주름지는 일생
아아, 텅 빈 북소리 남자의 헛기침.

―「되새김질하는 一生」 종반부

    우리 사회는 젊은이 혹은 신진에게 지나치게 관대한 반면에 노년은 퇴물로 취급하는 경향이 있습니다. 산전수전 다 겪은 노년의 지혜와 통찰력을 무시하면 사회적으로도 손해인데 그것을 잘 모르는 것입니다. 시인은 "호박은 늙은 것이 아니다"라고 역설합니다. "사리같이 빛나는 씨앗 얻으려/ 그 살 다 버리고 여기까지 온" 노년의 완숙미에 대한 예찬은 '퇴직, 그 후'라는 부제를 붙인 「되새김질하는 一生」으로 이어집니다. 이 땅의 가장을 일만 해온 일소에 빗댄 이 시에서 시인은 노년이 어른으로 대접받는 세상이 오기를 꿈꾸고 있습니다. 고령화 사회가 된 우리나라에서는 이 문제가 앞으로 더욱 심각해질 것입니다.

전남대의대를 나와 고려대의대에서 박사학위를 받고 현재 안과의원 원장으로 있는 장원의는 시야를 먼 곳으로 둡니다. 사람은 먼 지평을 보아야 눈이 좋아지는 것임을 시로써 말해주고 있는 듯합니다.

> 구도의 길도 대상의 길도
> 열사에서 열사로 이어지는 고행의 길
> 옛분들 족적을 따라 밟은
> 나그네 발걸음도 무겁기만 하다
>
> ―「실크로드」 제2연

> 천 년 전 2500개의 탑을 세우고 공덕을 쌓아
> 극락왕생을 빌던 중생들이나
> 서방정토를 꿈꾸던 왕조는
> 희미한 역사의 한 페이지일 뿐
> 번뇌를 씻으려는 고행보다

인생의 무상함에 숙연한 마음 안고

길게 늘어진 탑의 그림자 밟으며

나그네는 발길을 돌린다.

―「바간(Bagan)/미얀마」 제2, 3연

실크로드에 가보면 "모래바람으로 풍장한 영혼들"을 만날 수 있는데 그 사막의 모래바람 자체가 "귀로는 동냥할 수 없는/ 선열들의 말씀"입니다. 바간은 상미얀마 중부에 있는 도시 이름인데 황금빛 탑 등 불교 탑들이 엄청나게 많은 모양입니다. 다 무엇인가를 비원하며 쌓은 탑들일 텐데 지금은 서방정토를 꿈꾸던 왕조조차도 희미한 역사의 한 페이지일 뿐입니다. 세월 앞에 장사 없고 꽃이 아무리 예뻐도 화무십일홍입니다. 해외여행을 하면서 우리는 사진을 찍기에 바쁜데 이처럼 장원의 시인은 인생무상 혹은 제행무상을 느낍니다. 다듬잇돌을 시적 대상으로 삼아 "씨줄 날줄 인고의 세월/ 활같이 구부러진 허리/ 물빨래처럼 쭈글쭈글한 어머니의 얼굴"을 떠올려본 것도 시인의 시간관을 엿보게 합니다.

서울대의대를 나온 내분비내과 전문의인 유담은 현재 한림대의대에 재직하고 있습니다. 시적 대상이나 사물에 대해 평면적인 묘사를 하지 않고 그것의 이면을 들여다보면서 끈질기게 관찰하는 특징을 보여주고 있습니다. 시가 아주 철학적이고 사색적입니다.

귀머거리로 돌아다니다
　　그 노래에 닿아 자리를 폈다

　　먼저 나선 리듬이 뒤따르는 리듬더러
　　앞서 내민 발등에 허리를 얹고
　　그 허리에 가슴을 휘감아
　　자리에서 구르라고 속삭인다
　　리듬에 듬뿍 섞여 구르라고

―「습관의 진화」 제1, 2연

　　처음부터 뜻 파악이 잘 안 되는 귀머거리가 듣는 노래라니, 모순된 표현에 초장부터 바짝 긴장하게 됩니다. 우리는 습관이나 버릇을 갖고 사는데, 그것이 자연의 이치에 어긋나거나 세상의 상식에서 벗어나도 모른 채 살아가게 됩니다. 아예 습관이 진화를 합니다. 나의 잣대로 세상을 보는 것이 위험하지만 우리는 그 위험을 제대로 인식하지 못합니다.

　　시계반대방향으로 돌아야 안전하다
　　노래도 거꾸로 듣고 불러야 순하다

눈 내리고 낙엽 지고 소나기 부어

꽃 피고 돋는 싹

— 「스케이트를 틀다」 제3연

　스케이트는 신는 것인데 음악과도 같이 '틀다'라고 표현했습니다. 시계방향으로 돌아야 안전함을 느끼는 사람이 있고 시계반대방향으로 돌아야 안전함을 느끼는 사람이 있는데 우리는 우리 관점에서 남의 행위를 탓하며 살아갑니다. 그렇게 하지 말아야 한다는 것이 유담 시인의 생각이 아닐까요. "내가 본 것은 불이었다/ 겹겹이 뚫고 나와 웅성거리는/ 고생대의 불씨들", "만발에 지쳐/ 타다 남은 가을보다/ 더 사무치는/ 별똥별들"(「가을 능소화」) 같은 훌륭한 표현을 자주 만나게 됩니다.

　서홍관 시인은 한국의 대표적인 의사시인입니다. 일찍이 창작과비평사에서 『어여쁜 꽃씨 하나』를 내어 시단의 주목을 받은 이래 실천문학사에서 『지금은 깊은 밤인가』와 문학동네에서 『어머니 알통』을 낸 중견시인입니다. 시집 외에도 번역서와 수필집, 아동용 전기 『전염병을 물리친 빠스뙤르』 등 전방위적 글쓰기를 하고 있는데, 의사로서의 서홍관은 서울대의대 출신으로 2011년부터 국립암센터 국가암관리사업 본부장으로 있습니다.

　최신작은 해외여행의 산물입니다. 베니스의 산마르코 광장에서 만난 이국 청년과 히말라야 랑탕 계곡에서 만난 아주머니가 시의 소재가 됩니다. 「산마르코 광장」에 나오는 '너'는 "산타 루치아를 부르는 베네치아 소년"과 동일인인지 아닌지는 잘 모르겠는데, 아무튼 작별을 아쉬워하는 장면이 무척 애처롭습니다. 회자정리會者定離라고, 사람과 사람은 만나면 반드시 헤어지게 되어 있습니다. 탄생은 또 하나의 죽음을 위한 첫출발이며, 백년해로의 끝은 사별이 아닙니까. 히말라야 랑탕 계곡에서 만난 아주머니와의 사연이 몹시도 안타깝습니다.

> 집을 짓는 여인네와 집터를 잘 찍고
> 아예 여동생까지 가족사진을 찍은 뒤
> 전화번호를 적어 왔다.
>
> ―「랑탕 계곡에서 생긴 일」 제3연

한국에 가서 돈 벌고 있는 아들에게 전해달라는 부탁을 받고 사진을 여러 장 찍어왔는데 웬걸, 인천공항에서 내려 집으로 가는 길에 여인네의 아들에게 전화를 걸었더니 전화번호가 결번이라고 합니다. 생이란 이런 것입니다. 어긋나고 엇갈립니다. 뜻대로 안 되는 것이지요. 학교 생활지도교사의 삶도 마찬가지입니다. "늬들 담배가 얼마나 해로운데 담배를 펴?"하고 말하지만 곧바로 "선생님도 피시잖아요?" 하는 반격에 부딪힙니다. 학생들 앞에서 담배를 피울 수 없어 차를 몰고 학교 밖으로 나가서 멀리 돌면서 차 안에서 한 대씩 피우는 교사 역시 뜻대로 안 되는 삶을 영위해가는 이 땅의 장삼이사張三李四 중 한 사람입니다. 서홍관은 앞으로는 이렇듯 우연과 필연이 야기한 희비 쌍곡선을 시의 화폭에다 담을 것 같습니다.

  이상 26명 의사 시인의 시를 주마간편 식으로 읽었습니다. 현직의 사들이 쓴 시들이라 대충 아마추어리즘에 입각한 어설픈 시들일 것이라는 저의 선입견은, 시 몇 편을 읽으면서 여지없이 깨지고 말았습니다. 진료실이나 수술실은 우리 문학의 세계에서는 미지의, 미답의 공간이었습니다. 앞으로 한국의사시인회 회원들의 작업이 더욱 활발히 전개되어 이 공간에서 보고 느끼고 꿈꾼 사연들이 멋진 시가 되어 우리 독자들 앞에 펼쳐질 것을 바라고 기대하는 바입니다.

제 3 부

병실로 띄운 엽서

회복기의 아침에

장기의 일부를 도려냄으로써
수술은 일단 성공적으로 끝났다

길이도 넓이도 알 수 없는
여분의 시간들을 게워내고 있는 태양
태양의 알갱이들이
창으로 눈으로 쏟아져 들어와
이렇게 종알댄다
이제부터 네 앞의 생은
덤의 생이란다
네가 쌓아갈 시간의 봉분은
너 자신의 것이므로 알아서 하렴
크든 작든

작든 크든
저 나무가 저토록 잎 푸른 것은
뿌리가 아팠기 때문일 게다

보이지 않는 곳의 뿌리
물을 찾아서 땅 깊은 곳으로

돌을 스쳐 바위를 피해
아프지 않은 곳으로 가기 위해
뿌리는 많은 날을 참았을 게다
자기만이 아는 겹겹의 아픔을

꽃나무가 꽃 한 송이 피워낼 때
땅강아지가 땅 한 뼘 기어갈 때
아무런 아픔이 없었다고
말할 수 없게 되었다, 나는

밤 연가

많은 이 잠들어 있을 이 시각
그대 혼은 이 이승에 아직 머물러 있나
저 저승으로 난 길을 걷고 있나
밤의 중환자실 시계도 지쳐
천천히 가고 있는 것만 같네

함께했던 시간은 다 아름다웠네
내 가벼운 농담에 풀어놓곤 했던
그대 웃음보따리, 배를 잡고 때굴때굴
함께 구른 적도 있었건만 지금은
아무런 고통도, 아무런 느낌도 없이

나는 밤의 격전지에서 부상병처럼
절뚝거리며 오는 새벽을 헤아리고
관계의 끈은 저 링거 병 속으로
떨어지는 시간만이 부여잡고 있네
아아 눈뜨기만을, 살아나기만을

연인에게
— 병실로 띄운 엽서

그대 몸이 몹시 아파서
쳐다본 별이 있다면
그 별이 그대 찾아온 것이지
머나먼 곳의 발광체도
아픔을 나누고 싶어
저렇게 하늘 한구석을 맴돌고 있는데
왜 나는 그때 그대에게
그런 가혹한 말을 했던가 몰라

그대 마음이 몹시 아파서
쳐다본 별이 있다면
그 별이 그대 찾아온 것이지
머나먼 곳의 무생물체도
자신의 존재를 증명하고 싶어
저렇게 빛 뿌리며 달리고 있는데
왜 나는 지금도 그대에게
아무 말 해주지 않고 있는지 몰라
조금 따뜻한 한마디의 말을

짐진 자를 위하여

너의 짐을 져주는 일이 얼마나 고통스러웠던가를
너는 생각해본 적이 있는가
나는 고통에 짓눌려 딱정벌레처럼 위축되어
이게, 기어가는 것인지 죽어가는 것인지
촉각 잘린 귀뚜라미처럼
관절염 앓는 어머니처럼
나는 살아가고 있는데
네가 캄캄한 밤에 돌이 되어
내 앞에 엎드리면
나는 너를 지고
너의 짐까지 지고
어디쯤에 이르러 숨돌려야 할까

울음 참으며 당도한 곳이 막다른 골목이면
울음을 그냥 터뜨려야 하는지
돌아서서 다시 걷기 시작해야 하는지
나는 알 수 없다 사람이기 때문에
사람이기 때문에 무력감에 절망하고
공포에 질려 부르짖기도 하지만
기적을 꿈꾸진 않으리라
부끄러움에 떨며 받아들이리라 너의 짐을
나의 짐 위에 너의 짐을 얹어
더 어두운 세계를 찾아서 갈 터이니
자거라 지금은 잠시 자두어야 할 때

어떤 손

잠든 어머니의 손을 잡는다
손은 깊은 계곡이다
물 흐르지 않는

내 손은 약손 승하 배는 똥배
배 쓸어주시던 손길 참 부드러웠는데
어머니의 손은 지금 황폐하다
첫사랑을 잃고 서럽게 울었을 때
손수건 꺼내 내 눈물 닦아주셨는데
어머니의 손은 지금 자갈밭이다
30년 동안 공책과 연필을 파신

그 손으로 무친 나물의 맛
그 손으로 때린 회초리의 아픔
이제 곧 동이 터오면
세 번째 수술을 받으시는 날
잠든 어머니의 손을 잡는다

아버지의 성기를 노래하고 싶다

볼품없이 누워 계신 아버지
차갑고 반응이 없는 손
눈은 응시하지 않는다
입은 말하지 않는다
오줌의 배출을 대신해주는 도뇨관(導尿管)과
코에서부터 늘어져 있는
음식 튜브를 떼어버린다면?

항문과 그 부근을
물휴지로 닦은 뒤
더러워진 기저귀 속에 넣어 곱게 접어
침대 밑 쓰레기통에 던진다
더럽지 않다 더럽지 않다고 다짐하며
한쪽 다리를 젖히자
눈앞에 확 드러나는
아버지의 치모와 성기

물수건으로 아버지의 몸을 닦기 시작한다
엉덩이를, 사타구니를, 허벅지를 닦는다
간호사의 찡그린 얼굴을 떠올리며
팔에다 힘을 준다
손등에 스치는 성기의 끄트머리
진저리를 치며 동작을 멈춘다
잠시, 주름져 늘어져 있는 그것을 본다

내 목숨이 여기서 출발하였으니
이제는 아버지의 성기를 노래하고 싶다
활화산의 힘으로 발기하여
세상에 씨를 뿌린 뭇 남성의 상징을
이제는 내가 노래해야겠다
우리는 모두 이것의 힘으로부터 왔다
지금은 주름져 축 늘어져 있는
아무런 반응이 없는 하나의 물건

나는 물수건을 다시 짜 와서
아버지의 마른 하체를 닦기 시작한다.

어린 생명에게

세상에 태어난 지 2년 7개월이 된
어린 딸과 함께 별을 봅니다
수십 수백 광년을 달려왔을 빛과
어린 생명의 눈빛이 만나는 순간입니다
수천 수만의 우연과 필연이 만나
우주의 지극히 작은 부분이 눈뜨고
우주의 지극히 먼 부분이 환호하는 순간입니다

저, 저게 뭐야? 별님이란다
산 위에 올라가 발돋움하면 잡힐 것 같은
별님은 아빠가 죽는 날까지 걸어가도
닿을 수 없는 먼 곳에 있단다
어린 생명은 알겠다는 듯 고개를 끄덕이는데
시간은 저 유성처럼 계속 흐를 것입니다

어린 별이 자라 초신성으로 폭발하고

젊은 별이 식어 백색왜성으로 숨겨두어
생명의 위대함과 고결함을 들려줄 것입니다
딸과 함께 바라보는 저 많은 별을
이 어두운 지상의 누군가가 지금
바라보고 있을 것임을 믿습니다

수혈을 기다리며

산의 무게가 느껴진다
몇 날이었을까, 낮에서 밤, 밤에서 아침까지
전신을 찢어놓던 통증이, 무슨 기적인 양
진통제도 없이 멎은 이 아침에
관악한, 너의 얼굴이 불현듯 보고 싶어
입원실의 커튼을 젖혀달라고 부탁한다
계절이 그사이 바뀌었구나

네 고뇌의 무게가 느껴진다
핏기 없는 하늘을 머리에 이고
인간들의 생성과 사멸을 오래 지켜온
겨울 관악산아
무수히 많은 생명을 산자락 안으로
맞아들이고 또 떠나보내는
수천 수만 년 시간의 무게도 함께 느낀다

잠시 후면 메마른 모세혈관으로
타인의 피가 다시 흘러들 것이다
미지의 인간이 나에게 허락한
미지의 시간을 순금으로 여겨야 하리
관악산과 더불어 맞는 지상의 아침
흉터처럼 나도 이제 빛나고 싶다만
고통만은 늘 새로운 지상에서의 삶

생명法
―아들에게

살아 있는 한 살려고 애쓰는 것이다
살아 있는 한 생명을 이어가기 위해
씨 뿌리고 싶어하는 것이다
저 밭에 뿌려진 씨앗이
싹 돋고 싶어서 돋아나겠느냐
가르쳐주지 않아도
배우지 않아도
때가 되면 싹이 돋고
때가 되면 잎이 지는
저 많은 생명체들의
생존에의 의지를 보렴
아들아
내가 너에게 물려줄 것이라고는
생명 이외에는 한 가지도 없다

나라고 내 조상의 생명법을

다 알 수는 없다
내 살아 있으니 누군가 그때
살아 숨쉬었을 것이다
목마를 때 물을 찾고
바람 찰 때 고개 수그리는
저 많은 생명체들의
향일에의 의지를 보렴
아들아
하늘 아래 이유 없이 태어난 것은
아무것도 없다
저절로 저절로 자라나는 듯하지만
태양의 도움 없이 자라나는 것은
단 한 가지도 없다

살고 싶어 살아가는 것이다
한시라도 더 머물고 싶은
이 땅이 배신한 하늘이
점점 어두워지고 있다 캄캄한
하늘의 저주가 땅에 미쳐
숨쉴 공기와 마실 물이 사라지고 있으니

태양을 보며 외쳐라 살고 싶다고
살아 있고 싶다고 외쳐라
태양이 너를 돌봐줄 것이니
운행하는 성좌가 너를 인도할 것이니

아들아
나는 하늘을 쳐다보지 않고
별의 질서를 헤아리지 않고
죽음 가까이에 다가가서야 비로소
생명의 외경을 깨달았다
나는 근심하며 죽어갈 것이다

세상의 모든 어머니에게

자궁 적출 수술을 하신 날의 밤
통증으로 잠 못 이루는 당신 곁에 앉아
서른셋에 죽은 한 사내의 이적을 읽습니다

눈앞에서 자식이 죽어가는 모습을 본
세상의 모든 어머니들이여
그대 살아갈 생애의 무게는
이 우주의 무게와 맞먹을 것입니다

눈앞에서 어머니가 죽어 가는 모습을 본
세상의 모든 자식들이여
그대 살아갈 생애의 무게는
이 우주 무게의 일부를 이룰 것입니다

34년 전 난세포 하나로 저를 잉태하고
오늘 자궁을 들어내신 나의 어머니
한쪽 가슴 이미 없으시니
그대 여성으로서의 몫은 다하신 것이지요

그날 1960년 4월 18일
한나절 꼬박 통증으로 눈물 흘리며
생명이라는 우주를 이 우주에 내보내신
당신을 다시 한 번 불러봅니다
"어머니—"라고

한밤에 쓴 위문편지 아픈 이웃에게

1판1쇄 2018년 3월 27일
1판2쇄 2020년 4월 10일

지은이   이승하
펴낸이   윤승천
펴낸곳   (주)케이엠

등록번호 제25100-2013-000013호
주소   서울특별시 은평구 가좌로 10길 26
전화   02-305-6077(대표)
팩스   0505)115-6077 / 02)305-1436

값 15,000원
ISBN 978-89-9675-276-9 03810

잘못된 책은 바꾸어 드립니다.
이 책의 판권은 Km에 있으며 저작권은 저자와 Km에 있습니다.
허가없는 무단인용 및 복제·복사를 금하며 인지는 협의에 의해 생략합니다.